A EXPERIÊNCIA NO LIMIAR DO NASCIMENTO

JERRY BONGARD

A EXPERIÊNCIA NO LIMIAR DO NASCIMENTO

UMA JORNADA AO CENTRO DO SER

Tradução
MARTA ROSAS

Prefácio do
Dr. HAL ZINA BENNETT

EDITORA PENSAMENTO
São Paulo

Título do original: *The Near Birth Experience.*

Copyright © 2000 Jerry Bongard.

Copyright do prefácio © 2000 Hal Zina Bennett.

Todos os direitos reservados. Nenhuma parte deste livro pode ser reproduzida ou usada de qualquer forma ou por qualquer meio, eletrônico ou mecânico, inclusive fotocópias, gravações ou sistema de armazenamento em banco de dados, sem permissão por escrito, exceto nos casos de trechos curtos citados em resenhas críticas ou artigos de revistas.

O poema "Eu os Conheço" é reproduzido na p. 79 com a gentil permissão do autor.

O primeiro número à esquerda indica a edição, ou reedição, desta obra. A primeira dezena à direita indica o ano em que esta edição, ou reedição, foi publicada.

Edição	Ano
1-2-3-4-5-6-7-8-9-10	03-04-05-06-07-08-09-10

Direitos de tradução para o Brasil
adquiridos com exclusividade pela
EDITORA PENSAMENTO-CULTRIX LTDA.
Rua Dr. Mário Vicente, 368 — 04270-000 — São Paulo, SP
Fone: 272-1399 — Fax: 272-4770
E-mail: pensamento@cultrix.com.br
http://www.pensamento-cultrix.com.br
que se reserva a propriedade literária desta tradução.

Impresso em nossas oficinas gráficas.

Para minha mulher, Gail,
que quis viver sua vida ao meu lado, muitas vezes tendo de
suportar as dificuldades dos compromissos,

e para Laurie, Mary e Julie,
que nos escolheram para ser seus pais.

Cada uma dessas quatro mulheres me amou nos meus melhores e piores momentos, ensinando-me o que significa uma família. Cada uma, a seu próprio modo, confirmou a mensagem principal da experiência no limiar do nascimento — que todos nós nascemos para ser felizes e que o amor é o caminho. Não sei como expressar a elas a minha gratidão, mas espero que possam vislumbrá-la nas entrelinhas do meu comportamento.

Sumário

Prefácio 9
Agradecimentos 13

Introdução 17

CAPÍTULO UM:
    O espelho de corpo inteiro 23

CAPÍTULO DOIS:
    Em busca do jumento 33

CAPÍTULO TRÊS:
    Lembranças do útero? 43

CAPÍTULO QUATRO:
    Os sinais ideomotores digitais e a voz interior 53

CAPÍTULO CINCO:
    A regressão ao útero 63

CAPÍTULO SEIS:
O retorno à intervida 73

CAPÍTULO SETE:
Retorno a uma vida anterior 85

CAPÍTULO OITO:
Barbara e a "Equipe Classe A" 99

CAPÍTULO NOVE:
A Luz e a voz no rádio 113

CAPÍTULO DEZ:
O sanduíche de queijo 125

Notas 135
Bibliografia comentada 139
Para uma leitura mais aprofundada 145

PREFÁCIO

Hal Zina Bennett

De vez em quando surge um novo autor cuja perspectiva obriga-nos a parar e observar melhor os valores e crenças que julgamos eternos, inalteráveis e inatingíveis. Quando o manuscrito de Jerry Bongard chegou às minhas mãos, há dois anos, fiquei pasmo. Eu conhecia as experiências no limiar da morte — eu mesmo havia tido uma que mudou literalmente a minha vida. Mas... no limiar do nascimento? O que seria isso?

Ao sentar-me para ler o manuscrito, lembrei-me de uma história que meu amigo Jerry Jampolsky conta em seus livros e palestras. Um casal amigo dele havia optado pelo parto em casa, e, no dia em que o bebê chegou, a irmãzinha de quatro anos de idade entrou furtivamente no quarto em que ele estava e perguntou: "Neném, você pode me falar de Deus? É que estou começando a esquecer."

Nesse relato jocoso está, parece-me, pelo menos um indício da possibilidade de trazermos a esta vida lembranças que pertencem a um tempo e um espaço anteriores ao nosso nascimento. E mais: o impacto que essas experiências pré-natais têm sobre a nossa vida é, no mínimo, tão importante quanto o tipo de criação que recebemos nos nossos primeiros cinco anos de vida neste planeta, como seres dotados de sensibilidade.

As histórias de Jerry e seus clientes acerca das experiências no limiar do nascimento e suas epifanias inerentes são não apenas convincentes, mas tocantes. Embora eu tenha sempre tido a certeza de que não entramos nesta vida de mãos vazias, jamais sequer imaginara que havia uma maneira de resgatar lembranças da vida intrauterina, quanto mais da vida anterior à concepção. E se Jerry não me forneceu provas científicas de que essas lembranças são verdadeiras, ele pelo menos me convenceu, sem a menor dúvida, de que a busca de respostas por meio da experiência no limiar do nascimento é capaz de desvendar segredos realmente muito profundos sobre o sentido da vida.

Corajosos pioneiros da psique humana vêm aos poucos removendo a fina membrana que separa o mundo invisível do espírito e o mundo cotidiano das realidades materiais, que absorve boa parte de nossa atenção. Certamente o pastor Bongard deve ser incluído entre os inabaláveis mestres espirituais que nos vêm guiando cada vez mais rumo ao mundo do espírito e do sentido pessoal.

À medida que recorremos a instrumentos mais espirituais e transpessoais para conhecer a nossa identidade, fica cada vez mais claro que não podemos continuar ignorando a nossa relação espiritual com uma força maior que nós. Não encontramos nosso verdadeiro sentido, nossa verdadeira finalidade, buscando em manuais de psicologia e nem mesmo em tratados religiosos. Descobriremos que estes são instrumentos pouco mais que úteis, embora limitados, para o autoconhecimento. Para ir além, precisamos voltar o foco para dentro de nós mesmos de novas maneiras, e a experiência no limiar do nascimento é, a meu ver, um valioso instrumento para esse fim.

Pioneiros como Jerry Bongard vêm forjando um importante caminho que pode levar-nos além da patologização da condição humana. A psicologia moderna, iniciada por Freud, começou aplicando o modelo patológico à eterna busca de sentido e finalidade há mais ou menos cem anos. Portanto, ela é uma idéia bastante nova, se vista da perspectiva de alguns milhões de anos de evolução. Embora esse modelo patológico tenha nos servido muito bem em certos aspectos, deu ensejo a três gerações de pesquisadores que passaram a vida dedicando-se profissionalmente a desvendar a própria psique, camada por camada. Freqüentemente essa investigação os afastou da vida, ao invés de aproximá-los dela, proporcionando muito pouco além de uma nova e complexa ilusão de separação e isolamento.

Bongard se inclui em um grupo muito diferente de pesquisadores, que vem encontrando respostas não analisando o que está errado na vida, mas sim o que está certo. A meu ver, a verdadeira contribuição do conceito de experiência no limiar do nascimento é fornecer um instrumento que nos permite encontrar o lugar no qual vivenciamos pela primeira vez a nossa Fonte espiritual. Revivendo esse tipo de experiência e incorporando-a à nossa vida atual, estamos nos abrindo a uma forma inteiramente nova de ver a nós mesmos e nossa relação com o cosmos.

Ao ler este livro, não tive como não voltar às minhas próprias lembranças pré-natais. Lembro-me de ter recordado algo que ocorreu antes do meu nascimento. Eu tinha uns quatro ou cinco anos de idade e tentei explicar a meus pais que tinha aquelas lembranças. Mas, naquela época, ainda não tinha as palavras para comunicar o que estava sentindo, e meus pais não tinham discernimento suficiente para explorar comigo esses sentimentos. Enquanto lia este livro, acabei me lembrando, não de imagens específicas, mas de uma sensação de amplidão e amor infinitos, de um espaço sem forma nem tempo. Era e é uma experiência maravilhosa, e agora eu recorro a essa lembrança sempre que me vejo preso na agitação da vida cotidiana. Essas recordações me fazem lembrar do verdadeiro sentido e finalidade desta vida que vivemos, como seres espirituais que tentam aceitar esta forma finita que por enquanto possuímos.

Espero que os leitores ganhem tanto quanto eu ganhei com este livro. Os conceitos, relatos e instrumentos que o autor nos apresenta podem ajudar-nos a percorrer o caminho em direção à nossa ligação original com o Espírito. E daí pode surgir uma nova compreensão da relação que temos com nós mesmos, com os outros e com a própria Criação.

— Hal Zina Bennett, Ph.D., é autor de trinta livros, entre os quais *Spirit Circle*, um romance visionário, e *Write from the Heart: Unleashing the Power of Your Creativity*. Seu mais recente trabalho é *Animal Spirits and the Wheel of Life*. (Hampton Roads Publishers, 2000). Ele também é autor de *Convite ao Sucesso: Uma Alegria sobre a Criatividade*, publicado pela Editora Cultrix, São Paulo, 2000.

Agradecimentos

A Gail: pelo seu amor, pelo seu apoio e por criar uma família com tanto entusiasmo pelas coisas do espírito. Você é o eterno tesouro da minha vida. Obrigado por suportar-me durante as muitas — e tantas vezes frustrantes — horas em que estive escrevendo este livro.

A Laurie, Mary e Julie: vocês têm sido para mim uma fonte perene de alegria antes mesmo de terem nascido. A contribuição de cada uma de vocês para a minha vida e para este livro é inestimável. Meu amor pelas três é maior do que vocês podem imaginar.

A Steve, Todd, Dave, Justin, Aaron, Nicole e Kyle: sou muito feliz por vocês serem parte da minha família e da minha vida. Quero sempre estar com vocês, pois me ajudam muito a relembrar que o sentido da vida está ligado ao amor.

A papai e mamãe: por me darem a certeza de que Deus existe.

A todos aqueles que me permitiram conhecer as suas experiências no limiar do nascimento: obrigado pela confiança.

À diretoria do Chrysalis Counseling Center — Norm Petersen, Bill Grace, Diane Lewis, Thad Mills, Tom Sconzo e Larry Severance —, quero agradecer pelo incentivo. A Jeanne Mace, especiais agradecimentos pelo apoio. A Aerial Long, por estar lá, me ajudando a encontrar a Luz. Obrigado.

A Jamal Rahman, pelo auxílio, pela amizade e pelas histórias sufistas.

A John White, por todos os anos de apoio em que me incentivou e convenceu de que este livro tinha valor e devia ser publicado.

A Cindy Grochowski, pelas sugestões ao original.

A Hal Zina Bennett e Susan Sparrow, por me ajudarem a publicar este livro, obrigado, muito obrigado. Vocês foram de uma solidariedade inestimável quando eu mais precisei. Hal, seu prefácio e sua revisão fizeram uma grande diferença!

INDNJC*

---

* *In Nomine Domini Nostri Jesu Christi* (Em Nome do Nosso Senhor Jesus Cristo). (N.T.)

O nascimento não é senão sono e esquecimento:
A Alma que ascende conosco, a Estrela da nossa vida,
Teve seu início em outra parte,
E vem de longe:
Não em completo olvido
E não em total nudez,
Mas na esteira de nuvens de glória é que viemos
De Deus, que é o nosso lar:
Na infância, o céu está em torno de nós!
As sombras da casa-prisão começam a fechar-se
Sobre o Menino que cresce,
Mas ele vê a luz e de onde ela provém,
Ele a vê na sua alegria.

— Ode: Intimations of Immortality
from Recollections of Early Childhood
de *William Wordsworth*[1]

Introdução

Quando meu neto Aaron tinha três anos, achava que eu era mágico. Eu pegava uma moeda ou qualquer objeto pequeno, punha as mãos para trás e dizia: "Abracadabra, alacazam! Desapareça!" Depois mostrava-lhe a mão vazia. "Vovô, você desapareceu a moeda!", exclamava ele. Então eu voltava a pôr as mãos para trás, dizia as palavras mágicas, e pronto: lá estava a moeda! "Você apareceu ela de novo!", dizia Aaron, maravilhado, toda vez que eu repetia o número. Ele então tentava, pegava a moeda e dizia as palavras mágicas — e ficava desapontado por ela não desaparecer. Por um bom tempo, não percebeu que eu escondia o objeto no bolso traseiro e depois o pegava de volta.

Meu neto tinha certeza de que eu era mágico e de que um dia ele também conseguiria fazer o mesmo — bastaria dizer corretamente as palavras mágicas ou adivinhar o segredo. E, naturalmente, tinha razão. Agora ele sabe fazer esse número. Agora ele conhece o processo que pode provocar os mesmos resultados "mágicos".

O processo de regressão ao útero também pode parecer mágica para os que o vivenciam pela primeira vez. E muita gente também fica maravilhada diante dos resultados. Mas não é mágica. Quase todo mundo pode aprender a resgatar essas recordações quando vivencia o processo que descrevo aqui. Em minha experiência, cerca de nove em cada dez pessoas que tentam conseguem regredir até o útero. Dessas, aproximadamente metade é capaz de regredir ao início da vida, antes mesmo de haver começado sua vida intra-uterina. Essas pessoas conseguem se lembrar da finalidade de sua vida e de um tempo em que estavam em comunhão com um Ser de Luz, um tempo em que sabiam, realmente sabiam, que eram e sempre seriam essencialmente boas.

A experiência no limiar do nascimento é semelhante a várias técnicas de "renascimento" no sentido de que ajuda a lembrar ou reviver a experiência do bebê no útero. Porém elas divergem em muitos aspectos. A comunhão com uma Força Superior, ou Ser de Luz, é sem dúvida a diferença mais significativa, pois na experiência no limiar do nascimento nós voltamos a um tempo anterior até mesmo ao momento em que fomos concebidos. O renascimento pode revelar-nos muitas coisas importantes sobre a relação do bebê com a mãe e sobre o seu comportamento diante da experiência de separação do corpo da mãe para tornar-se um ser à parte. A experiência no limiar do nascimento também funciona assim, mas, além disso, ela nos possibilita introvisões que confirmam a nossa relação com a Fonte espiritual de onde provém toda forma de vida.

Para algumas pessoas, é difícil acreditar na idéia de lembrar o período de nossa estada no útero ou mesmo algo anterior a isso. Por esse motivo, muitos profissionais relutam em escrever sobre essas coisas, com receio de perder credibilidade entre os colegas. O dr. Cheek, em cujo trabalho me inspirei, escreve em *Hypnosis: The Application of Ideomotor Techniques*:

> Algumas das idéias aqui apresentadas, como a consideração daquilo que o bebê percebe e compreende ao nascer, estavam sendo exploradas em nossos *workshops* e na prática de consultório. [...] Senti, entretanto, que deveríamos abster-nos de escrever sobre essas questões até que seu valor terapêutico tivesse sido estabelecido por outros observadores.

E então acrescenta: "Acho que esse momento chegou."[1]

O dr. Cheek escreveu essas palavras em 1994. Eu concordo com ele. É hora de partilhar essas informações, e foi por essa razão que escrevi este livro. No entanto, é fácil entender por que tantos profissionais que trabalharam com esse material relutam até hoje em divulgar informações relativas à consciência da vida intra-uterina, quanto mais da vida antes disso. Eles possivelmente receiam encontrar um público cético ou que ponha em dúvida a sua credibilidade profissional. Poderiam mesmo ser tachados de malucos.

Na primeira vez que o dr. Dabney Erwin se viu diante do processo de regressão no tempo, que é parte integrante da experiência no limiar do nascimento, ele escreveu: "Minha primeira reação foi mais que incredulidade; foi um julgamento: achei que poderia estar lidando com malucos! Eu *sabia* que não podia me lembrar do meu próprio nascimento e concluí que ninguém poderia tampouco. Simplesmente rotulei tudo aquilo como idiossincrasia de um entusiasta."

O dr. Erwin hoje apóia entusiasticamente o trabalho pioneiro do dr. Cheek na área da regressão no tempo. Curiosamente, a citação acima é retirada do prefácio que o dr. Erwin escreveu para o livro do dr. Cheek sobre "sinais ideomotores", um componente-chave nesse tipo de regressão, do qual falaremos mais nas páginas seguintes.

Mesmo o dr. David Chamberlain, ex vice-presidente da Prenatal and Perinatal Psychology Association of North America e grande incentivador do trabalho do dr. Cheek na área da regressão no tempo, hesitou em divulgar conhecimentos não comumente aceitos entre os psicólogos, apesar de havê-los demonstrado em sua própria pesquisa clínica. O dr. Chamberlain só menciona aquilo que ele chama de "estados não ordinários" no fim de seu livro, *Babies Remember Birth*. Nesse trabalho, ele diz que "a psicologia aos poucos vem nos apresentando toda uma gama de estados não ordinários, nos quais coisas que antes pensávamos ser impossíveis são possíveis". Em seguida, ele fala de três de seus pacientes, que eram capazes de "façanhas da mente em relação ao tempo", numa referência a relatos de reencarnação e vidas passadas. No apêndice dessa obra, ele observa o seguinte:

"Minhas próprias experiências com relação à lembrança do nascimento mostram-me que a consciência humana vai além do físico e tem continuidade e maturidade em todas as idades. Considero a vida inteligente antes do nascimento inteiramente real, embora de natureza nitidamente espiritual. A descrição mais precisa que conheço da vida não-física mas consciente é *espírito*."[2]

O objetivo deste livro que agora você tem nas mãos é compartilhar a experiência no limiar do nascimento e o que ela nos ensina com relação à vida do espírito. A experiência no limiar do nascimento nos faz lembrar quem somos; ela afirma a nossa natureza espiritual e ajuda-nos a reconhecer que somos essencialmente *espírito*.

A experiência no limiar do nascimento é capaz de libertá-lo do que a cultura o programou para pensar. Ela pode ajudá-lo a tomar as partes *discordes* do seu ser, as partes que foram alijadas da sua alma, e *re-cordá-las** — ou seja, trazê-las de volta ao seu coração — reintegrando-as de uma forma mais condizente com a sua verdadeira essência. A experiência no limiar do nascimento o fará lembrar que, em vez de seres humanos que estão vivendo uma experiência espiritual, somos antes seres espirituais que estão tendo uma experiência humana.

A experiência no limiar do nascimento convenceu-me de que, mesmo estando profundamente soterrada, a lembrança de quem somos ainda é mais acessível do que pensávamos — na verdade, talvez até muito mais. Este livro lhe dará a chance de redescobrir e reviver essa lembrança. Nesse percurso, você verá mais uma vez que o seu tempo aqui na Terra destina-se a permitir-lhe crescer em amor e compaixão. Você descobrirá que é possível recordar não apenas o período passado no útero, mas também um momento anterior a isso. Você descobrirá o que dizem as Sagradas Escrituras de todas as principais religiões — que a vida como a concebemos é apenas uma parte do total de nossa existência. E relembrará o que proclamam os livros

---

* No inglês, o autor faz um jogo com as palavras *dismembered* e *re-member*. A tradução buscou aproximar-se ao máximo da idéia apresentada, mantendo um jogo semelhante, embora não tão preciso, com as palavras *discorde* e *recordar*. [N.T.]

sobre as experiências no limiar da morte — que sobreviveremos a esta vida e que muito mais está por vir após a morte do corpo físico.

Você verá que as vantagens deste livro e da experiência no limiar do nascimento estão muito centradas no aqui e agora. Lembrando-se de quem é, você se libertará para uma vida mais plena, com menos arrependimentos, mas também com mais compaixão diante de seus erros e dos erros de seus semelhantes. É possível que uma parte do que você vai ler lhe pareça algo novo e intrigante, um desafio. Mas, se você for como a maioria das pessoas, descobrirá também que essas novas revelações o põem em contato com coisas que você já sabe, com uma sabedoria que está no fundo da sua própria alma.

Este livro pode contribuir para fazê-lo encontrar um novo sentido tanto na alegria quanto no sofrimento, ajudando-o a compreender e realizar a sua missão de vida. As mensagens são muitas: seu valor é infinito, e sua vida aqui neste planeta tem um valor imenso. Você foi escolhido para vir aqui por uma razão, um motivo. Você não se resume nem se limita às fronteiras físicas desta vida. O que acontece aqui, na sua vida de agora, é importante, mas é apenas parte da sua existência eterna, uma existência que teve início antes desta vida e que continuará muito depois dela.

Na sua vida de agora, o que é importante é o caminho, e não o destino. Você pode dar vários passos todos os dias no caminho que escolheu; na verdade, cada decisão sua o levará cada vez mais longe nesse caminho — ou o afastará cada vez mais dele. Uma decisão importante, um passo essencial nessa trilha, é ir ao centro do seu ser, e este livro lhe oferece um meio de fazer isso.

Boa parte do que você vai encontrar nestas páginas não é nenhuma novidade. Os livros sobre a experiência no limiar da morte vêm ajudando muita gente a relembrar sua essência espiritual, a recordar que todos somos seres eternos que estão ligados a Deus. A experiência no limiar do nascimento difere da experiência no limiar da morte pelo fato de ser muito mais fácil e seguro deixar-nos guiar de volta às lembranças do período pré-natal do que chegar à beira da morte. Este livro será para você um guia de valor inestimável nesse processo.

Mas você não precisa ter uma experiência no limiar do nascimento para beneficiar-se deste livro. O que ele tem de mais importante está nas histórias contadas por tantas pessoas, gente cujas experiências apresentam novas provas da natureza verdadeiramente espiritual da nossa vida. A relação que cada um de nós tem com Deus pode ser iluminada pela experiência no limiar do nascimento, independentemente de você vivenciá-la diretamente ou não. A mensagem das pessoas cujas histórias conto aqui inspira-nos a viver de acordo com aquilo que somos. Suas experiências demonstram que podemos entrar em contato com o amor que está e sempre esteve bem dentro de nós, um amor mais vivificante até que o amor que possamos sentir por alguma outra pessoa. A forma como isso ocorre é o que vamos discutir nas páginas que seguem.

CAPÍTULO UM

O Espelho de Corpo Inteiro

O mulá Nasrudin vai ao banco descontar um cheque. O caixa pede: "Sua identidade, por favor." Nasrudin não sabe o que responder. "Precisamos de algo que possa identificá-lo, para termos a certeza de que o senhor é a pessoa cujo nome está no cheque." Nasrudin pensa um instante, enfia a mão no bolso, tira um espelho e olha para ele atentamente. "Sim, sou eu mesmo!", diz.

— Parábola sufista

O fato de ter trabalhado pelos últimos nove anos com as experiências no limiar do nascimento mudou a minha visão do que é o ser humano e ampliou a minha visão da vida. É como se antes eu usasse um espelhinho de bolso e agora esse espelho fosse imenso: é como se ele tivesse sido transformado num espelho de corpo inteiro, que reflete uma vida muito maior do que eu poderia imaginar.

Como o mulá Nasrudin na história sufista, nós muitas vezes usamos um espelho de bolso, que guardamos em algum cantinho da mente. Esse espelho reflete a visão que a nossa sociedade tem da vida. Ele reflete quem somos, mas a imagem que vemos é limitada. Ele reflete o corpo e a existência física, mas não a alma. Essa é a imagem do nosso nome, do nosso trabalho e da nossa posição na sociedade. Trata-se de uma forma de ver segundo a qual certas pessoas são mais importantes que outras — começamos então a achar que a vida do presidente é mais importante do que a vida dos agentes do serviço secreto que o protegem e que é certo eles sacrificarem a própria vida se a do presidente for ameaçada.[1] De acordo com essa visão, a vida dos nossos inimigos pouco importa; portanto, matá-los numa guerra é certo. Essa visão nos diz que as pessoas devem ser avaliadas pelo dinheiro que ganham e que, assim, os atletas profissionais são mais importantes que os professores ou enfermeiros. Ela reflete a crença de que a nossa vida se limita aos cerca de oitenta anos que temos do nascimento à morte. O reflexo do espelho de bolso nos diz: "Isso é tudo."

O Espelho de Corpo Inteiro

A experiência no limiar do nascimento oferece uma alternativa a essa visão de bolso da vida, pois reflete uma imagem maior. É como um espelho de corpo inteiro, que reflete a nossa essência, a parte de nós que já existia antes mesmo de nascermos e que continuará existindo após a nossa morte.

A experiência no limiar do nascimento amplia a nossa visão da vida, apresentando-nos recordações da vida antes do nascimento. Ela nos ajuda a lembrar as sensações de segurança e proteção que tínhamos quando compartilhávamos do calor do corpo materno e a reviver a felicidade e a liberdade que sentíamos ao dar cambalhotas dentro do útero. Além disso, a experiência no limiar do nascimento envia à nossa consciência mensagens profundamente espirituais sobre o sentido da vida, mensagens que vêm de um tempo não só anterior ao nascimento, mas anterior até mesmo à concepção.

Essas recordações nos fazem lembrar que cada pessoa que vem ao mundo traz consigo um objetivo ou missão a cumprir. A experiência no limiar do nascimento comprova o que pensava Wordsworth: que nós viemos "na esteira de nuvens de glória" enviadas diretamente por Deus. As recordações da experiência no limiar do nascimento ajudam-nos a compreender que a falta de sentido na vida de que tantas pessoas se queixam provém, pelo menos em parte, da sua incapacidade de lembrar quem são e por que estão aqui.

A experiência no limiar do nascimento ajuda-nos a recordar na acepção mais profunda do termo: ela nos ajuda a reunir no coração os fragmentos da nossa vida, a reintegrar as partes que ficaram *discordes* quando esquecemos a nossa verdadeira identidade. Ela nos ajuda a voltar à plenitude, permitindo-nos descobrir um sentido até mesmo no nosso sofrimento.

MADELINE E A QUESTÃO DO SOFRIMENTO

Conheci Madeline num almoço. Vários anos antes, seu noivo, George, havia usado a experiência no limiar do nascimento como ingrediente adicional em sua luta vitoriosa contra o alcoolismo. Ele me telefonou para contar que estava indo muito bem e que havia ficado noivo. Queria convidar-me para almoçar, pois assim eu poderia conhecer a mulher com quem ele iria se casar. Como desejava que eu oficiasse o casamento, queria apresentar-me a ela, para que eu pudesse decidir se concordava.

Então fomos almoçar e conversar sobre o casamento e a futura vida em comum. Foi uma ocasião muito agradável, e, ao deixarmos o restaurante, Madeline perguntou-me se eu poderia incluir em minha agenda a data do casamento deles.

Dois dias depois, ela me telefonou. George havia sugerido que ela também recorresse à experiência no limiar do nascimento para tentar enfrentar melhor as suas freqüentes depressões. Ele havia contado a ela como era o processo e como tinha conseguido regredir não apenas ao útero, mas também a um momento anterior a esta vida, quando ele estava com Deus. E também que a vivência da amorosa presença de Deus durante a experiência no limiar do nascimento o havia ajudado a amar a si próprio o bastante para mudar, para tratar-se como alguém digno, que merecia uma vida saudável. George achava que a experiência no limiar do nascimento poderia ajudá-la. Madeline estava cética, mas disposta a tentar.

"Já sofri muito na vida", disse ela, sentada em minha sala, após nos cumprimentarmos. "E tenho muita raiva de Deus. Ou ele não liga muito para mim, ou então não tem força, porque quase sempre tive de enfrentar algum sofrimento na vida."

Madeline disse que os irmãos mais velhos abusavam sexualmente dela quando garota, mas os pais não acreditaram quando ela lhes contou. Acharam que estava imaginando coisas.

"Desde a adolescência, venho tendo muitos problemas por causa disso. Faz muito tempo que não vou à igreja e já não tenho certeza da minha crença. Mas gostaria de ter a chance de falar com Deus, de lhe dizer quanta raiva sinto dele!", acrescentou ela.

Mostrei-lhe então como regredir ao útero. Madeline chorou ao reviver o próprio nascimento, pois a mãe se recusara a tomá-la nos braços e dissera à enfermeira: "Leve essa menina daqui." Isso havia machucado muito Madeline, que voltou a si espontaneamente da regressão e contou-me que a sua relação com a mãe havia sido sempre tumultuada, que toda a vida desconfiara que a mãe não a queria e que essa recordação da rejeição que sofrera ao nascer apenas confirmava aquilo que ela sempre sentira.

Sugeri-lhe que regredisse mais uma vez ao útero e então tentasse ir o mais longe possível, em busca de uma recordação mais antiga ou mais útil. Ela voltou ao momento imediatamente anterior ao início do trabalho de parto e depois conseguiu regredir mais, foi ficando cada vez menor até tornar-se apenas um pontinho. Logo em seguida, viu-se no espaço, sem corpo. Passado um instante, ela se adaptou a essa nova situação e então viu a Luz. Pedi-lhe que se dirigisse a essa Luz, e ela o fez. Quando lhe perguntei se sabia o que era essa Luz, Madeline respondeu: "É Deus."

Pedi-lhe que se comunicasse com Deus, que dissesse o que queria ou precisava dizer. Isso poderia ser feito tanto em silêncio quanto em voz alta. Madeline ficou calada um bom tempo, talvez uns cinco minutos, até que as lágrimas começaram a escorrer-lhe pelo rosto. Esperei um instante, cerca de trinta segundos, e perguntei-lhe o que estava acontecendo.

Ela contou que havia manifestado sua raiva contra Deus pelo sofrimento que enfrentara na vida, dizendo: "Deus, por que não fez nada quando viu o quanto eu sofria quando era criança? Como pôde deixar uma coisa assim acontecer?"

E então foi como se de repente um véu tivesse sido retirado; ela conseguiu ver uma cena muito antiga como se estivesse se desenrolando ali mesmo diante dos seus olhos, embora soubesse que era uma recordação de muito tempo atrás.

* * *

Madeline estava com Deus, envolta da luz mais cálida e amorosa que se poderia imaginar. Disse: "Deus, sinto-me inundada pelo seu amor! Sua beleza é imensa! O que eu posso fazer para estar mais próxima de você; para ser preenchida ainda mais pelo seu amor?" Deus a fitara por um instante e dissera: "Há um caminho que poderá fazer a sua alma crescer ao máximo, tornando-se capaz de abarcar ainda mais o meu amor e a minha compaixão. É o caminho do sofrimento, o caminho tomado pelo meu filho."

"Farei o que for preciso para estar mais próxima de você!", respondeu ela. E então Deus lhe mostrara a vida que ela poderia escolher para vivenciar o sofrimento e expandir a alma até conseguir conter mais amor.

Enquanto me contava essa experiência, ali no meu escritório, Madeline começou a chorar novamente. "Agora eu entendo!", disse ela. "Agora eu entendo!"

Então disse que precisava de tempo para pensar no que acabara de vivenciar e perguntou se poderíamos marcar outro encontro. Quando nos reencontramos, uma semana depois, ela me revelou que não se sentia pronta para o casamento, pois havia coisas que sempre quisera fazer e ainda não conseguira. Queria viajar e viver algum tempo numa fazenda de criação de cavalos. Conversara com George sobre isso, e, juntos, eles decidiram cancelar o casamento.

"Bonito!", pensei. Tinha certeza de que George ficaria chateado por Madeline ter cancelado o casamento após a experiência no limiar do nascimento. E, se ele ficasse chateado, provavelmente seria comigo. Mas ao telefonar-lhe, descobri que ele não estava nem um pouco chateado. "Foi o melhor", disse ele.

George imaginara que o casamento poderia ajudar Madeline a superar suas freqüentes crises de depressão, que seu amor por ela melhoraria as coisas, que *ele* melhoraria as coisas. Mas então percebeu que era preciso renunciar a ela por algum tempo, para dar-lhe a chance de escolher o seu próprio caminho. Só tinha a agradecer por ter podido utilizar a experiência no limiar do nascimento a seu favor antes e por ver o quanto ela estava ajudando Madeline agora. Disse-me que ela até parecia outra pessoa. Via que já não estava brava ou deprimida; estava mais leve, mais animada com a vida.

Madeline havia começado a acreditar que seu sofrimento tinha sentido, que ele era um meio de cultivar o amor e a compaixão, de expandir a sua alma. Algumas das partes discordes de sua personalidade haviam sido re-cordadas, fazendo-a sentir-se mais inteira, mais centrada, menos dividida.

Mas seria errado concluir por esse exemplo que o sofrimento é sempre bom, que não deveríamos fazer nada para aliviá-lo porque ele pode ajudar-nos. Não é isso que esse exemplo quer dizer, nem foi o que Madeline e eu pensamos. É verdade que o sofrimento pode fazer a alma crescer e encher-se de amor e compaixão por outros que também sofrem. Só que para isso o amor é ainda mais eficaz, pois quem ama tem mais motivação para aliviar o sofrimento.

Nossa tarefa é dar amor. Essa é a principal mensagem da experiência no limiar do nascimento. Nós viemos de Deus, na esteira de nuvens de glória. A experiência no limiar do nascimento permite que nos voltemos para dentro, que vejamos que, no íntimo, permanecemos em contato com essa lembrança e com essa presença.

Para alguns, a experiência no limiar do nascimento proporcionou introvisões ou revelações capazes de mudar toda a sua vida. Como funciona a experiência no limiar do nascimento, de que maneira ela influiu na vida das pessoas que a vivenciaram e qual o sentido que ela pode ter para você e outros que ainda não a vivenciaram diretamente — eis aí os tópicos que abordaremos nas próximas páginas.

A mensagem aqui é a seguinte: a vida tem sentido, *toda* vida tem sentido. O que vemos refletido no espelho de bolso que a sociedade coloca na nossa frente é apenas uma pequena parte da nossa existência em todo o seu esplendor.

Descobrir o nosso verdadeiro esplendor é, sem dúvida, uma grande dádiva. Mas durante boa parte da vida ele simplesmente nos escapa. Talvez sejamos, muitos de nós, como o mulá Nasrudin, que busca freneticamente algo que nem sequer se perdeu:

> O mulá Nasrudin saiu galopando em seu jumento a toda a velocidade pelas ruas da aldeia. "Aonde você vai com tanta pressa?", perguntou-lhe um habitante da aldeia ao vê-lo passar correndo. Antes de desaparecer ao longe, ele gritou a resposta: "Perdi meu jumento, e quero encontrá-lo o mais rápido que puder!"

O jumento era o bem mais caro a Nasrudin. Transportava-o, como também a tudo o que ele precisasse, em suas viagens de aldeia em aldeia. Ajudava-o a arar a terra e a levar e trazer pesados fardos de mercadorias. Era uma forma de riqueza, uma forma de segurança. Perder o jumento seria perder algo tão importante que poderia simbolizar para nós a perda da segurança, a perda da riqueza, a perda da paz de espírito.

A experiência no limiar do nascimento nos diz que o sentido da nossa vida — como também a paz que buscamos — está dentro de nós, ainda mais perto de nós do que o jumento estava de Nasrudin enquanto ele galopava em seu lombo, procurando-o freneticamente. Sendo a vida o que é, às vezes é preciso que alguém nos diga que está na hora de desacelerar, parar e prestar atenção, para vermos que aquilo que buscamos jamais poderá ser encontrado enquanto estivermos correndo pelo mundo afora: só o encontraremos parando e voltando-nos para o nosso próprio íntimo.

CAPÍTULO DOIS

EM BUSCA DO JUMENTO

Onde está o eu, a entidade que decide o que fazer da energia psíquica gerada pelo sistema nervoso? Onde reside o capitão do barco, o senhor da alma?

— Mihaly Csikszentmihalyi

Descobri a experiência no limiar do nascimento percorrendo o que hoje parece um longo caminho. Em 1991, logo após assumir a direção do Chrysalis Counseling Center de Bellevue, Washington, percebi que vários dos meus clientes apresentavam sintomas do distúrbio de *stress* pós-traumático (DSPT).

Eu sabia que muitos dos que sobrevivem a traumas graves não conseguem deixar de lado a lembrança do acontecimento. O veterano da guerra do Vietnã que sobrevive aos bombardeios que mataram seus camaradas; a mulher que na infância foi continuamente estuprada pelo próprio pai; o único sobrevivente de um acidente de automóvel onde morrem toda a família ou os amigos — todos são pessoas que muitas vezes são assaltadas pela culpa, pelo medo e outros sentimentos negativos, até mesmo idéias suicidas.

Em minha busca de maneiras de ajudar as vítimas desse tipo de trauma, encontrei por acaso o artigo de um psicólogo chamado Leslie

LeCron. Com o título "A Hypnotic Technique for Uncovering Unconscious Material", ele havia sido publicado no *The International Journal of Clinical and Experimental Hypnosis* em 1954. Lendo-o, eu soube que em 1929 o dr. LeCron percebera que, se alguém balançasse um pêndulo enquanto estivesse concentrado nas palavras "sim, sim, sim", conseguiria alterar o movimento desse pêndulo quando passasse a pensar "não, não, não". Em 1954, ele chegara à conclusão de que a união entre a hipnose leve e os movimentos musculares inconscientes era capaz de romper o esquecimento que vela as lembranças do nascimento, dos primeiros anos de vida e das experiências sob o efeito de anestesia geral.

O dr. LeCron denominou os movimentos musculares inconscientes de sinais "ideomotores" e pesquisou sinais digitais que, a seu ver, poderiam substituir com vantagem o pêndulo. Logo depois, os drs. Milton Erickson, psiquiatra e hipnoterapeuta, e David Cheek, ginecologista e obstetra, começaram a usar a hipnose e os sinais ideomotores digitais como base de um processo de regressão no tempo que visava ajudar gestantes a lembrar ou revivenciar o próprio nascimento. Embora eles não tenham usado a expressão "experiência no limiar do nascimento", foi aí que esse processo começou para mim.

Anos depois de Cheek e Erickson terem divulgado amplamente o seu trabalho, concluiu-se que o processo de regressão ao útero era útil às vítimas de traumas graves. Meu interesse no tratamento desse tipo de trauma foi o que me fez comparecer, em março de 1991, a uma palestra em que o dr. Cheek demonstraria a sua técnica a profissionais da área de aconselhamento e assistência social.

O dr. David Cheek

Minha primeira impressão do dr. Cheek foi que ele era um homem ao mesmo tempo forte e delicado, dono de uma voz retumbante. Seus olhos brilhavam, e seu senso de humor era do tipo que provocava sempre não uma gargalhada, mas um leve sorriso, tanto nele quanto na platéia. Nessa palestra, ele afirmou que todos nós temos a capacidade de resgatar lembranças pré-natais com o auxílio de sinais ideomotores, além de comprovar que as recordações provenientes da regressão no tempo pela hipnose são descrições válidas do que de fato ocorreu.[1] Ele vinha usando a hipnose desde o final da década de 50 para ajudar suas pacientes a ter filhos sem dor nem drogas e, desde 1960, vinha promovendo rotineiramente a regressão ao útero para as futuras mães, com o objetivo de ajudá-las a ter empatia e compreensão diante do que seus bebês estavam vivendo.

No início da década de 80, alguns dos bebês cujo parto o dr. Cheek havia feito já eram mulheres que o queriam como obstetra em sua própria gravidez. Quando fez a regressão dessas mulheres ao útero, ele pôde comparar as lembranças delas com as anotações que fizera na ocasião do seu nascimento e descobriu que havia correspondência entre elas. Essas mulheres conseguiram lembrar até o que os médicos e outros membros da equipe haviam dito. Não estava claro como isso podia ter acontecido, pois os bebês a princípio não compreendem a linguagem. No entanto, essas mulheres, ao regredir ao instante do nascimento, conseguiram recordar as palavras do médico, as conversas entre a mãe e outras pessoas na sala de parto e o que ocorrera no quarto da mãe algumas horas depois, ainda no hospital.

O dr. Cheek falou-nos de uma mulher que, ao regredir ao útero e ao próprio nascimento, lembrou-se do instante em que o cordão umbilical fora cortado. Nesse momento, ela agarrara o polegar do médico, e ele comentara com a mãe: "Sua filha tem um reflexo saudável!" Ao verificar suas anotações[2], o dr. Cheek viu que o bebê de fato havia agarrado o seu polegar e que ele havia dito à mãe que a filha tinha reflexos saudáveis, comprovando assim a veracidade da lembrança da filha.

Nessa palestra, o dr. Cheek recrutou voluntários para a regressão no tempo, de modo a poder demonstrar como era lembrar a experiência de estar no útero ou revivenciar o próprio nascimento.

Apesar do ceticismo de muitos desses voluntários, em dez ou quinze minutos estavam todos adotando a postura e os movimentos de um bebê recém-nascido e relatando lembranças da vida intra-uterina, do processo do parto e dos primeiros momentos de vida.

O dr. Cheek explicou-nos o valor dessas lembranças. É gostoso lembrar de quando estávamos no útero, envoltos no ritmo do pulsar do coração materno, no calor de seu corpo e na proteção que ela proporciona. Essas lembranças podem influir nas atitudes que temos diante da vida, além do que são especialmente importantes para o desenvolvimento de uma confiança essencial — uma atitude segundo a qual o mundo é um lugar seguro e protetor. Quando ouvi isso, fiquei impressionado com a possibilidade de essa experiência ser particularmente importante para os sobreviventes de traumas graves — justamente as pessoas que eu estava procurando ajudar. Parecia-me que aquela antiga lembrança de ser amado e acolhido com boas-vindas no mundo poderia proporcionar segurança suficiente a essas pessoas, permitindo-lhes enfrentar seus medos e recuperar-se de seus traumas.

Nessa palestra, o dr. Cheek mencionou ainda o quanto as pessoas ficavam animadas ao resgatar suas lembranças da vida intra-uterina e das primeiras horas de vida. Elas ficavam maravilhadas ao descobrir que "fui eu que provoquei o parto, empurrando o útero com os pés porque estava muito apertado ali". Ou ao lembrar o momento em que foram levadas até a mãe: "Papai estava lá, tão orgulhoso e tão jovem. Vestia terno e gravata, coisa que ele quase nunca vestia. Usava um corte de cabelo militar e sorria."

Fiquei tão impressionado com a demonstração do dr. Cheek que comecei a empregar a técnica com os meus clientes. Eu queria trazer àquelas pessoas as suas mais antigas lembranças de proteção e amor, quando estavam ainda no útero materno. Esperava que essas lembranças tivessem o poder de provocar e manter nessas pessoas uma sensação de segurança capaz de reduzir os pensamentos e sentimentos negativos que o trauma deflagra. Talvez a lembrança da vida no útero ajudasse a aliviar os sintomas do distúrbio de *stress* pós-traumático.

E de fato ajudou. Mas eu logo percebi que a experiência no limiar do nascimento tinha um benefício adicional que estava ao alcance de quase todo mundo e que eu não havia previsto. À medida que fui ganhando experiência com os procedimentos, descobri, pasmado, algo que o dr. Cheek não havia demonstrado em sua palestra.[3] Descobri que algumas pessoas relembravam espontaneamente não só o período intra-uterino, mas também um período anterior — um período que antecede esta vida, quando elas estão[4] na presença de uma luz brilhante, à qual se referem como Deus.

Essas pessoas sempre se surpreendiam ao descobrir que não têm corpo nesse período anterior à vida intra-uterina. Elas às vezes sentem a presença de outras pessoas incorpóreas que reconhecem como amigas, desta ou de outra vida. Às vezes podem também lembrar-se de ter conversado com essas presenças amigas sobre a jornada que estavam prestes a empreender neste mundo. A memória da estada com Deus permanece com elas enquanto estão no útero. Segundo seus relatos, durante a vida intra-uterina elas estão conscientes, não apenas da lembrança de ter estado com Deus, mas também do estado de espírito da mãe. Elas ouvem e compreendem boa parte do que ela lhes diz e de suas conversas com outras pessoas.

Com o nascimento a situação se altera. A maioria das pessoas se esquece de Deus e perde bastante de sua capacidade de compreender as palavras. Para algumas isso acontece logo após o parto, mas aparentemente outras conservam a lembrança de ter estado com Deus até atingir a idade da alfabetização, mais ou menos, quando então se esquecem de todas as experiências pré-natais.

É importante saber que o esquecimento se processa apenas no nível consciente, como aparentemente ocorre com todos os tipos de esquecimento. Tudo o que nos acontece, seja antes ou depois do nascimento, permanece armazenado no inconsciente, ou em outra parte, de onde pode ser trazido em boa medida à consciência pela experiência no limiar do nascimento.[5]

A descoberta que mais me surpreendeu foi que as lembranças de estar com Deus antes desta vida tendem a ser ainda mais fortes que as da segurança intra-uterina. A lembrança de estar com Deus antes da concepção proporciona uma profunda sensação de segurança, além da perfeita compreensão do sentido e da finalidade da vida. Os que sofreram traumas quando estavam no útero podem, com a experiência no limiar do nascimento, recordar a sua primeira experiência do amor, de um tempo anterior à vida no útero e, portanto, anterior ao trauma.

Muitos dos que já vivenciaram a experiência no limiar do nascimento vêem a vida de uma forma diferente depois. Eles entendem sua passagem pela Terra como uma jornada da alma que teve início antes desta vida e que continuará após a morte do seu corpo atual. Em decorrência da experiência no limiar do nascimento, muitos deixaram de ver a Terra como seu único lar e passaram a ver esta vida, do nascimento à morte, como apenas uma parte da sua jornada, apenas uma das estações que há no caminho. Os valores da nossa sociedade deixam de ser absolutos, ou mesmo atraentes. O dinheiro e os bens materiais deixam de ser tão importantes quanto a vida do Espírito.

Além disso, aqueles que vivenciaram a experiência no limiar do nascimento saem dela com uma perspectiva diferente a respeito de cada pessoa que conhecem. Eles passam a ver a vida sob uma luz diferente. A experiência no limiar do nascimento ajuda-nos a lembrar que todos somos almas feitas à imagem e semelhança de Deus — espelhos que refletem a sua presença. Após a experiência no limiar do nascimento, vemos o idoso que está no asilo, o sem-teto que está na rua e o bilionário como pessoas de igual valor, feitas da mesma "matéria". Estão todos no mesmo caminho, tendo vindo de Deus e para ele retornando após esta vida.

À medida que mergulhava nesse assunto, fui percebendo que as mensagens de todas as experiências no limiar do nascimento que eu havia testemunhado tinham profunda repercussão em minha própria alma. De alguma forma, elas eram mais verdadeiras e importantes do que tudo o que pudesse contradizê-las. A experiência no limiar do nascimento transmite uma mensagem semelhante à das palavras escritas por Marianne Williamson e lidas por Nelson Mandela em seu discurso de posse, em 1994:

Você é filho de Deus. Diminuindo-se, não estará ajudando o mundo em nada. Não há nada de iluminador em encolher-se para que ninguém se sinta inseguro quando está perto de você. Nós nascemos para manifestar a glória de Deus que existe dentro de nós. E quando deixamos brilhar a nossa luz, inconscientemente permitimos que os outros façam o mesmo. Quando nos libertamos do medo, a nossa presença automaticamente liberta os outros [...].[6]

A mensagem universal da experiência no limiar do nascimento é que Deus está ao alcance de cada um de nós — e cada um de nós foi criado para ser um veículo do amor e da graça de Deus. Todos nascemos para manifestar a glória de Deus que existe dentro de nós.

As lembranças da experiência no limiar do nascimento indicam que, para a maioria, o tempo passado no útero é como estar no Paraíso, onde está Deus, onde estamos seguros, protegidos, aquecidos e envolvidos pelo amor. A experiência no limiar do nascimento sugere ainda que quando estamos no útero somos muito parecidos com Adão e Eva. Estamos plenamente conscientes, assim como estão os adultos — o bebê e o feto, ao contrário do que pensam muitos, não são tábula rasa. Trazemos conosco a lembrança de Deus e de nosso propósito na vida. Parafraseando o título de um livro muito conhecido (*All I Ever Needed to Know I Learned in Kindergarten* [*Tudo o que eu precisava saber aprendi no jardim-de-infância*]), a experiência no limiar do nascimento sugere que "Tudo o que eu realmente precisava saber, aprendi antes de nascer".[7]

A experiência no limiar do nascimento ajuda-nos a recordar.

CAPÍTULO TRÊS

※

LEMBRANÇAS DO ÚTERO?

Antes de formá-lo no útero eu o conhecia,
Antes de você nascer eu o escolhi;
Eu o nomeei profeta junto às nações.

— Jeremias 1:5

A primeira indicação que tive da importância da experiência no limiar do nascimento para o nosso contato com a vida do espírito ocorreu em maio de 1991, dois meses depois de eu ter assistido à palestra do dr. Cheek. Uma terapeuta que trabalha com vítimas da violência procurou-me para aprender a fazer seus pacientes regredirem até o útero. Ela tinha ouvido falar do processo e queria experimentá-lo, para poder avaliar se era adequado para a sua prática. Então, usando as técnicas que aprendera com o dr. Cheek, ajudei-a a regredir até um momento anterior ao nascimento. Ela descreveu o local em que se encontrava — o útero — como cálido, seguro e acolhedor.

Por alguma razão que ainda não consigo compreender, afastei-me um pouco da técnica que havia aprendido e, em vez de prosseguir até o início do parto e daí ao nascimento, eu lhe perguntei se tinha uma lembrança anterior. Esperava que ela voltasse a um momento algumas semanas antes daquele em que estava. Só que então ela disse: "Lá não tem nada."

A princípio pensei que ela se referia à própria mente, que tivera um "branco", que não tinha lembranças anteriores, que lá não havia nada. Mas então lembrei-me do treinamento e, em vez de presumir que sabia o que ela queria dizer, perguntei-lhe: "Como assim, lá não tem nada?" Foi aí que descobri que ela estava vivenciando a experiência do vazio. O corpo materno já não estava lá. Ela vivenciava o espaço infinito e lembrava-se de uma experiência fora do corpo.

Ela estava de olhos fechados. Pedi-lhe que os mantivesse assim, mas olhasse em torno. Ela entendeu o que eu pedia e explorou visualmente aquele espaço vazio. Então viu a Luz. Viu-a a distância, uma Luz Brilhante. Pedi-lhe que fosse até essa luz, e ela o fez (mentalmente); foi então que descobriu que era Deus. Enquanto se aproximava da Luz, sentiu-se tomada pela sensação do amor incondicional e começou a chorar. Falou da sensação de total liberdade que teve na presença da Luz, uma liberdade que ainda sentia quando voltei a falar com ela, uma semana depois. Sentia-se mais livre para expressar o seu ser verdadeiro e sabia que esse ser era bom; era, de certo modo, *perfeito*.

Desde então venho sugerindo — primeiro a meus clientes e depois a meus amigos — a experiência no limiar do nascimento como meio de entrar em contato com recursos interiores que eles podem nem saber que têm. Aos que aceitam minha sugestão, hoje costumo perguntar, quando regridem ao útero: "Tem alguma lembrança anterior?" A seguir, alguns exemplos da contribuição da experiência no limiar do nascimento.

Batatas Fritas e Lembranças de Crises

Ray, Pam e o filho, de quinze anos de idade, lanchavam em um McDonald's, em Washington, após um dia esquiando na montanha. O passeio fora ótimo, a neve estava perfeita, e os três divertiram-se muito juntos ao ar livre. Enquanto comiam Big Macs e batatas fritas, riam e conversavam animados, brincando um com o outro. Então, de repente, Pam começou a chorar. Ray sabia a razão, mas o filho ficou perplexo.

A máquina de fritura estava apitando para avisar que as batatas estavam prontas. Ao ouvir o bip-bip da máquina, Ray e Pam voltaram no tempo. Viram-se dezessete anos antes, numa UTI neonatal. A filhinha deles estava lá. Intubada e monitorada por diversos aparelhos, Christie corria risco de vida. De repente ouviram um bip contínuo. As enfermeiras entraram correndo e pediram-lhes que saíssem. Em seguida vieram os médicos, e depois Christie morreu. O apito da máquina de fritura tinha o mesmo som pavoroso que eles ouviram naquele dia. Como não a desligassem, Ray se levantou e gritou para a garota que estava no balcão: "Desligue essa máquina!"

Alguns dias depois, ele estava em meu escritório pedindo ajuda para lidar com emoções que havia engolido por quase dezessete anos, mas que agora recusavam-se a permanecer escondidas. Usamos um processo chamado redução de incidente traumático (RIT),[1] que lhe permitiu descobrir e descarregar as emoções associadas ao trauma. Antes de ele ir embora naquele dia, eu lhe falei a respeito da experiência no limiar do nascimento, e ele resolveu experimentá-la na sessão seguinte, uma semana depois. Usando sinais ideomotores, ele regrediu ao útero e em seguida ao momento que precedeu a sua entrada no corpo.

Lá reconheceu outras pessoas, que lhe davam adeus, e viu-se numa viagem que passava por um pátio no qual havia crianças brincando. Uma delas era Christie. Ela estava banhada em luz clara e, sem saber como, ele tinha certeza de que ela ainda estava viva — que ela estava viva antes desta vida e também depois! Essa experiência aliviou o seu sofrimento, pois permitiu-lhe sentir-se mais perto da filha. Ela já não estava morta, mas vivia em espírito. Talvez ele conseguisse vê-la de novo. Para ela, a morte não fora o fim da existência, mas a transição do corpo físico para uma outra coisa; algo mais livre.

A experiência no limiar do nascimento deu a Ray uma nova visão do mundo. Ela proporciona o mesmo a muita gente, não só aos que sofreram algum trauma. Com Ray aprendi algo muito importante. Eu questionava muito — e ainda questiono — o papel do sofrimento em nossa vida. Ray ensinou-me que às vezes o sofrimento pode expandir a nossa alma, assim como Deus ensinou a Madeline (ver Capítulo Um).

Um dia, ao caminhar pelo bairro em que morava, Ray viu uma placa de "VENDE-SE" na frente de uma casa vizinha. Bateu à porta. Quando a abriram, Ray se apresentou e disse que morava perto e que, vendo a placa, ficara curioso em saber o que estava acontecendo. O vizinho disse: "Nosso filhinho está no hospital há seis meses, e o seguro não vai cobrir tudo. Então temos de vender a casa para pagar as contas. Ainda não sabemos para onde vamos."

Quando chegou em casa, Ray contou à mulher o que acontecera. Resolveram então que retirariam o dinheiro que tinham na poupança para dá-lo ao vizinho e assim ajudariam a família a permanecer na casa. Evidentemente não posso afirmar com toda a certeza, mas acho que se Ray e Pam não tivessem perdido a filha, talvez não fossem capazes de tanta compaixão. Sei que nem todo vizinho que soubesse do problema reagiria com tanta generosidade.

BILL — UM EM CEM

Bill[2] é um profissional que ficou muito meu amigo. Ele e a mulher têm dois filhos, e a vida está indo bem para a família. Bill tinha ouvido outras pessoas falarem de suas experiências no limiar do nascimento e queria experimentar também. Durante a primeira sessão, ele aprendeu logo a usar os sinais ideomotores e regrediu ao útero com relativa facilidade. Concentrou-se então na sensação de receber as boas-vindas da mãe durante o nascimento. Isso para ele foi algo carregado de emoção, pois perdera a mãe quando tinha nove anos de idade. Quando sugeri, ele voltou ao útero. Eu esperava que ele fosse capaz de relembrar o período anterior ao nascimento. Mas quando lhe pedi que voltasse à recordação mais antiga que tinha desta vida, ele calou-se por um instante e ficou de olhos fechados. Ao abri-los de novo, contou o seguinte: "Não sei se me lembro disso ou se o imaginei, mas vi-me sentado no colo de Deus enquanto percebia que estava chegando a hora de nascer. Sentia um pouco de medo; disse a Deus que o túnel era assustador e que não sabia se estava pronto para ir. Mas Deus não disse nada. Em vez disso, começou a brincar com um pião. Rodando, o pião parecia muito o planeta Terra visto a distância."

Bill falou sobre o que aquela experiência representava para ele. Via o pião como uma metáfora. Para permanecer em equilíbrio, o pião tem de estar bem centrado. Ele achava então que Deus estava lhe dizendo que permanecesse equilibrado e centrado. Além disso, achava que Deus estava lhe mostrando que a energia da Terra vem dele.

Parou um instante e então perguntou se não poderia voltar àquele momento, quando estava sentado no colo de Deus. Eu lhe disse que fechasse os olhos, voltasse até lá e me contasse o que estava sentindo. Bill ficou novamente calado por um instante, e eu fiquei esperando. Minutos depois ele relatou o seguinte: "Eu estava sentado no colo de Deus. Sentia a alegria que eu despertava nele e reagia com a minha própria alegria. Então Deus voltou-se para a esquerda e pegou um bastão ao qual estava presa uma bandeira. Quando me deu o bastão, pude ver o que estava escrito na bandeira: 'Esperança'."

Ao ver a bandeira, Bill intuiu que esta era a sua missão: levar a esperança a um mundo em que havia tanta gente levando a vida em calada desesperança. E achou que, para isso, o melhor seria imitar o pião, "viver a vida a partir do meu centro, permanecer em equilíbrio e cultivar a minha relação com Deus, minha fonte de energia". Pensou mais um instante e acrescentou: "Girar pião também é uma forma de brincar. Acho que Deus quer que eu procure mais, muito mais tempo na vida para brincar, para me divertir, em vez de levar tudo sempre tão a sério."

Conheço bem o Bill. Ele já é para muita gente a própria bandeira da esperança. Às vezes tem dificuldade de achar tempo para brincar, mas é muito importante para ele viver uma vida centrada e equilibrada. Ele leva as mensagens da experiência no limiar do nascimento ao mesmo tempo a sério e na brincadeira. E dá um jeito de meditar e orar regularmente para estar com Deus, com quem se comunica sempre.

Certa feita, sentiu que Deus lhe dizia: "Bill, você é um em cem." Ele ficou confuso. Perguntou: "Não é um em um milhão?" Mas a resposta foi "não", ele foi um em cem. Bill ficou matutando sobre aquilo e teve umas idéias. Pensou em como seriam as coisas se nas igrejas ou outras organizações as pessoas se reunissem em grupos de cem, cada um deles adotando alguém que precisasse de ajuda. Talvez pudessem adotar uma ou várias crianças que não tivessem pai ou mãe. Ou alguém que estivesse num asilo. Ou um sem-teto. Se cada uma das cem pessoas desse um dólar por dia ou um dólar a cada cem que ganhasse; ou se desse uma hora do seu tempo a cada cem ou mesmo uma hora por semana para ajudar um semelhante, a vida de muita gente poderia mudar. Bill resolveu então ser um em cem, e começou a conversar com pastores a respeito de um programa assim.

Bill tornou-se afinal o diretor de uma organização sem fins lucrativos da cidade de Seattle, que está reunindo recursos de igrejas, empresas e do governo municipal para ajudar a inspirar pessoas visionárias. Ele conseguiu uma doação de mais de 1 milhão de dólares da Fundação Kellogg e o apoio de várias pessoas e organizações na região de Seattle. Bill e sua organização vêm tendo um impacto extremamente positivo sobre a cidade — tanto que Seattle instituiu em 3 de dezembro de 1998 o "Dia do Centro de Liderança Ética" [Center for Ethical Leadership Day] em reconhecimento à atuação de Bill e do centro que ele dirige.

Estar com Bill ou qualquer outra pessoa durante a experiência no limiar do nascimento é uma coisa incrível, que também me inspira e me enche de energia — não são só eles que sentem isso. Quando alguém encontra Deus ao longo de uma experiência como essa, o clima emocional muda completamente — a presença da Luz muitas vezes traz também as lágrimas. Esse encontro com a Luz em geral começa como uma lembrança pré-natal, que logo se transforma num evento do aqui e agora. A pessoa que está vivendo a experiência pode, a partir desse momento, conversar com Deus, fazer perguntas e obter respostas.

É difícil descrever o alívio que as pessoas encontram no choro de alegria — e às vezes de tristeza ou arrependimento — durante uma experiência no limiar do nascimento. Para um certo indivíduo, a Luz Brilhante, como uma bola de fogo, transformou-se no rosto de Jesus com sua coroa de espinhos. Ao ter essa visão, ele começou a chorar em silêncio, deixando as lágrimas correrem pela face. Recentemente havia recebido um diagnóstico segundo o qual tinha uma doença muito grave, e entendeu a coroa de espinhos como um símbolo do que viveria ao longo do tratamento. Ao mesmo tempo, sabia que Deus estava ali com ele na sala — e continuaria ao seu lado enquanto durasse a doença, o que lhe deu forças.

Para ele, a mensagem da experiência no limiar do nascimento é que a alma é a nossa essência, e essa essência é boa. Para ele e muitos outros, os versos do poema de Wordsworth tornaram-se realidade: nós viemos de Deus, "na esteira de nuvens de glória", e a Deus, um ser de Amor e de Luz, retornaremos. Embora deixemos este corpo, nunca morremos.

CAPÍTULO QUATRO

※

OS SINAIS IDEOMOTORES DIGITAIS E A VOZ INTERIOR

Um vizinho veio ao mulá Nasrudin pedir-lhe emprestado o jumento. "Sinto muito, mas já emprestei o jumento a outra pessoa", respondeu o mulá. Então, ouviu-se zurrar um jumento. E o som vinha do estábulo de Nasrudin. "Mas como, vizinho, se acabamos de ouvir o seu jumento, e o som veio dali?!" Antes de fechar a porta ao vizinho, Nasrudin disse, indignado, mas com muita dignidade: "Alguém que coloca a palavra de um jumento acima da palavra de um mulá certamente não merece que eu lhe empreste o meu jumento!"

Como o vizinho do mulá Nasrudin, com freqüência recebemos informações contraditórias. Na maioria das vezes, o conflito se dá entre a voz interior e a voz exterior. Esse é o dilema retratado por um provérbio sufista atribuído a Haidar Asari:

> *Uma voz sussurrou-me ontem à noite:*
> *"Não existem vozes que sussurram na noite."*[1]

O que devemos fazer? Qual dos indícios é convincente o bastante para que o deixemos influir sobre a nossa visão da realidade ou sobre uma decisão prática? Devemos dar ouvidos ao jumento ou ao mulá, à voz que sussurra na noite ou à sua mensagem, que nos pede precisamente que não lhe demos crédito porque não existem vozes que sussurram na noite?

O conselho que transparece da experiência no limiar do nascimento é bem claro a respeito dessa questão. Devemos escutar a voz interior, o zurro do jumento de Nasrudin, e não a voz do mulá; a voz interior, e não a voz exterior da autoridade. Poderíamos ir por mau caminho se déssemos ouvidos ao mulá, em vez de escutar o zurro do jumento.

Essas mensagens que nos chegam do estábulo, que simbolizam as mensagens do nosso inconsciente, às vezes são mais importantes ou mesmo mais convincentes do que as vozes exteriores que as contradizem — mesmo que estas sejam as de um mulá ou outra autoridade. No entanto, é muito comum ignorarmos a silenciosa voz interior quando a ouvimos, afogando-a com as ruidosas vozes exteriores, da autoridade ou da tradição, que nos inundam a consciência.

Os sinais ideomotores ajudam-nos a prestar mais atenção à sabedoria que vem de dentro. Embora talvez não os conheçamos por esse nome, os sinais ideomotores são familiares a todos nós.

Quando eu estava no primário, ia sempre a uma matinê que havia todo sábado no cinema local. Um dos heróis de que me lembro era um caubói de fala mansa que, em vez de uísque, bebia salsaparrilha. Sempre que ele se aborrecia, sempre que ia entrar em ação contra os bandidos, tirava um chiclete do bolso e começava a mascá-lo. Isso era o sinal de que as coisas iam começar a ficar animadas. Geralmente os bandidos não reconheciam o sinal, mas todos os garotos que estavam no cinema sim — e o barulho na platéia aumentava consideravelmente toda vez que isso acontecia.

Somos todos um pouco como esse caubói, no sentido de que todos sinalizamos à nossa própria maneira o que está acontecendo lá dentro, com os nossos pensamentos e sentimentos. O bom vendedor começa por aprender como fazemos isso, mesmo que não nos demos conta do que estamos fazendo. Podemos balançar a cabeça quando concordamos. Ou talvez a respiração se acelere, o coração bata mais rápido. Ou então simplesmente passamos a mão no cabelo.

Quando inconscientemente movemos os músculos para sinalizar algo a respeito do que estamos pensando ou sentindo, damos um "sinal ideomotor". Às vezes esses sinais são tão sutis, seus movimentos são tão minúsculos que facilmente passam despercebidos para nós. É por isso que os sinais ideomotores digitais são importantes: eles fornecem informações inconscientes à nossa percepção consciente.

Os sinais ideomotores são recursos cruciais para a experiência no limiar do nascimento, já que podem indicar-nos quando determinadas coisas estão acontecendo no inconsciente, coisas que, de outra forma, poderíamos negar ou não reconhecer.

Às vezes as lembranças do nascimento e os encontros com o divino são, de fato, sutis, ficando com freqüência soterrados sob recordações e interesses de ordem aparentemente mais urgente. Por isso, os sinais ideomotores são o instrumento perfeito para reconduzir-nos a essas lembranças, trazendo-as à luz para que possamos usá-las em nosso dia-a-dia. Na história de Sara, essas mensagens sutis guiaram-nos rumo ao psiquismo mais profundo, onde ela havia sepultado alguns segredos a respeito de si mesma.

SARA E A SABEDORIA INTERIOR

Quando tinha quatro anos de idade, Sara encontrou uma caixa de fósforos ao lado da lareira da sala de estar. Embora a tivessem proibido de brincar com fogo, ela acendeu um fósforo. Sara lembra-se nitidamente desse evento porque o pai a pegou em flagrante e resolveu dar-lhe uma lição. Ele pegou a caixa de fósforos, acendeu um e segurou a mão dela sobre a chama até que se formasse uma bolha na pele. "Assim você vai aprender a não brincar com fogo!", foi o que ele disse.

Hoje Sara tem trinta anos. Durante quase toda a sua vida pensou que era burra e má, que estava sempre fazendo alguma coisa digna de punição. Eram tantas as regras que ela achava que estava sempre quebrando uma. Parecia que não conseguia fazer nada direito. Jamais lhe ocorreu que certas regras da infância pudessem ter sido demasiado arbitrárias, ou os castigos demasiado severos. Mas, de algum tempo para cá, ela começou a reconhecer a raiva que sente do pai, e até mesmo uma fantasia em que lhe dá um tiro. Sara também sente raiva da mãe por não protegê-la, por nunca interceder por ela junto ao pai implacável. Então decidiu procurar aconselhamento para aprender a lidar com a própria raiva.

A primeira pergunta de Sara foi sobre o pai. Ela queria saber se eu o considerava violento. Eu lhe disse que a sua percepção do pai era mais importante que a minha. Em algum nível, ela já sabia a resposta à pergunta que me fizera. Perguntei-lhe o que achava. "Não sei. Ele era muito rigoroso, mas não sei se era violento. Provavelmente fazia o que fazia para o meu próprio bem", disse ela.

Como essa resposta parecia ter gerado um conflito em Sara, sugeri que ela aprendesse a obter respostas de um nível mais profundo. Ensinei-a a usar os sinais ideomotores digitais.

Ela estava sentada. Pedi-lhe que pusesse as mãos nos joelhos, para poder observá-las, e que pensasse "sim" até que a cabeça estivesse cheia de "sim!". Depois pedi que mandasse suas mãos indicarem um dedo "sim". Ela saberia qual era esse dedo porque ele ficaria mais leve, ou mais pesado, que os demais. Ou ficaria mais frio, mais quente, latejaria — enfim, chamaria a sua atenção. O dedo que *parecesse ser* o dedo "sim" seria de fato o dedo "sim", e ela poderia mexê-lo ou deixar que ele se mexesse sozinho. Descobrimos então que o dedo "sim" de Sara era o indicador da mão direita.

Em seguida, pedi-lhe que descobrisse qual era o seu dedo "não" e qual seria o dedo para indicar "não sei" ou "não quero lhe dizer". Pedi-lhe que perguntasse aos dedos se estavam dispostos a ajudá-la a descobrir algumas coisas dentro dela. Em menos de trinta segundos, o dedo "sim" se mexeu. Pronto. Acabáramos de conseguir tudo o que precisávamos para ter sinais ideomotores precisos.

O passo seguinte era usar esses sinais para obter uma resposta à questão inicial: o pai era violento? Então eu disse a Sara que perguntasse a si mesma: "Meu pai era violento comigo?"

Ela fez a pergunta. Nenhum dos dedos se mexeu. Passado um minuto, eu perguntei o que estava acontecendo. O que ela me disse foi espantoso: "O dedo da mão direita queria se mexer, responder que 'sim'. Mas de repente eu via, na minha imaginação, a mão esquerda pegar uma faca e prender com ela a mão direita na cadeira, para que ela não se mexesse mais. E uma voz na minha cabeça gritava o tempo todo: 'Você não pode falar mal do seu pai'."

Uma parte de Sara sabia que o pai era violento e queria poder falar sobre isso. O dedo "sim" queria se mexer, mas outra parte lutava para impedi-la de revelar a verdade. Falar seria trair a família, coisa que ela havia sido treinada para não fazer nunca.

No íntimo, porém, ela sabia. Os dedos tentavam dizer que sim, que o pai era violento, que o que lhe fizera fora prejudicial, e não bom e benéfico. Mas o medo e a coerção dificultavam-lhe o acesso ao que ela já sabia.

Eu lhe disse então que queria fazer uma pergunta ao seu ser mais íntimo, e que seus dedos é que nos dariam a resposta: "Sara é má ou burra, no fundo?"

Imediatamente seu dedo "não" respondeu. Num determinado plano, ela havia aceitado os rótulos que o pai lhe impusera, mas, num nível mais profundo, ela via outra coisa.

Muitas vezes vivemos a vida influenciados por mensagens negativas enviadas a nós por pessoas como o pai de Sara (ou outras figuras que simbolizam a autoridade), em vez de dar ouvidos à nossa sabedoria mais profunda. Pode ser um professor que nos acusa de burrice, uma igreja que afirma que quem não crê no que ela crê vai para o inferno ou um governo que diz que não há problema algum em lançar bombas sobre populações civis para ganhar uma guerra.

Mas não precisamos deixar que os outros pensem por nós; não precisamos aceitar para sempre quem nos agride, seja quem for, até que a morte nos separe. Nossa alma tem uma sabedoria mais profunda que vem de um tempo em que tínhamos uma visão mais clara de nós mesmos. E nós podemos resgatá-la, podemos recuperar a nossa própria verdade.

Os sinais ideomotores ajudam-nos a alcançar essa verdade íntima. Eles possibilitam que entremos em contato com a sabedoria do nosso ser mais profundo. São um modo de concentrar a atenção, de ouvir a voz interior. Nesse sentido, são como a prece ou a meditação. Eles se assemelham à técnica usada por John Bradshaw para incentivar as pessoas a escrever à sua criança interior e, desse lugar íntimo, obter a resposta.[2] Eles nos ajudam a chegar às mesmas mensagens sobre as quais escreve Neale Donald Walsch quando está sentado, lápis e papel na mão, dialogando com Deus.[3]

Os sinais ideomotores digitais estabelecem um sistema de comunicação de mão dupla entre o consciente e o inconsciente, deixando que a mente se comunique com a alma. Para alguns, isso é bem fácil; para outros, já é mais difícil. Se você é daquelas pessoas que acham que a verdade sempre vem de uma figura de autoridade, como o mulá, o presidente, o papa ou a própria Igreja, provavelmente quando o eu interior discorda do presidente, do papa ou da Igreja você não dá ouvidos à sua voz interior e prefere escutar a voz que vem de fora. Você ignora o zurro do jumento que quer pedir emprestado.

Se você sempre agiu assim, é bem provável que a sua voz interior tenha ficado tão fraca que agora é difícil de escutar. Mas ela ainda está lá, e os sinais ideomotores digitais podem ajudá-lo a entrar em contato com o eu interior.

Às vezes as pessoas gostam tanto dos resultados dos sinais ideomotores que passam a usá-los para outras coisas além da experiência no limiar do nascimento. Foi esse o caso de Sara, como também o de muita gente. Eles podem ser usados como auxiliares no processo de tomada de decisões. É melhor para mim ficar no meu atual emprego? É melhor procurar outro? Ou é melhor aposentar-me?

Observe que, ao usar os sinais ideomotores digitais para tomar decisões, a pergunta tem de ser feita ao inconsciente de uma forma que, quando um dedo se mexer, a resposta seja entendida claramente. Portanto, a pergunta tem de ser colocada de uma maneira que sempre permita respostas "sim", "não" e "não sei". Por exemplo, se eu perguntasse: "Devo permanecer em meu emprego atual, ou devo me aposentar?", não seria muito útil para mim ver o dedo "sim" se mexer. Nesse caso, seria melhor fazer só uma parte da pergunta: "Devo me aposentar?"

Para que os sinais ideomotores sejam úteis, é preciso que você se disponha realmente a ouvir os conselhos do eu interior. Se eu quiser fazer algo que ameace os meus próprios interesses — ter um caso ou comprar alguma coisa muito acima de minhas posses, por exemplo —, então convém não ignorar os sinais digitais, que podem aconselhar-me a não fazer o que estou pretendendo. Esse processo só funciona se você acreditar nele. Não é como decidir jogando cara ou coroa, quando você sempre pode dizer: "Não gostei dessa resposta, vamos resolver então numa melhor de três!"

* * *

No caso da experiência no limiar do nascimento, a identificação dos sinais ideomotores digitais de cada um não só é importante, mas necessária. Porém é apenas o primeiro passo. Uma vez que esses sinais sejam devidamente identificados, será preciso verificar a disposição do eu interior de comunicar-se com o consciente. O tempo me mostrou que a melhor forma de fazer isso é perguntar apenas: "Você está disposto a ajudar e orientar [seu nome], dando respostas às suas perguntas? Por favor, responda mexendo o dedo adequado."

Em seguida, aguardamos um movimento, geralmente uma leve contração, de um dos dedos. Se for o dedo "sim", saberemos que é possível prosseguir. Se for o dedo "não", agradecemos ao eu interior e encerramos o procedimento.

Acima de tudo, é importante seguir a orientação fornecida pelos sinais ideomotores digitais, de forma que, se eles indicarem que não é a hora certa ou que não querem participar daquele procedimento, temos de parar. O bem-estar de cada um está acima de qualquer outra coisa — e, segundo a minha experiência, devemos confiar sempre no que nos diz o eu interior sobre o que é seguro ou vantajoso.

Se, e apenas se, o dedo "sim" sinalizar a disposição de colaborar, poderemos prosseguir com o processo de regressão ao útero.

CAPÍTULO CINCO

※

A Regressão ao Útero

Como os golfinhos, que irrompem na superfície dos mares, mergulham e depois voltam a saltar e mergulhar mil vezes por dia, eu atravesso o véu da consciência.

— Annie Dillard

Damos início à jornada de regressão ao útero perguntando ao eu interior se podemos prosseguir. Isso é feito com uma pergunta simples e direta: "Podemos iniciar agora o processo de regressão ao útero com segurança e proveito? Você nos ajudará?" Se o dedo "não" responder, não iniciamos o processo, embora possamos perguntar: "Você se disporia a ajudar-nos em outro momento?" As respostas devem ser sempre os nossos parâmetros. Só começamos a volta no tempo se o dedo "sim" indicar disposição para colaborar, garantindo-nos assim que haverá segurança para iniciar os procedimentos.

A razão para tanta cautela nessa fase do processo é que algumas pessoas tiveram experiências traumáticas enquanto estavam no útero ou durante o parto. Isso é tão comum que Otto Rank usou a expressão "trauma do nascimento" para referir-se à situação vivida por muitas pessoas. Em alguns casos é aconselhável não lidar com esse material, pelo menos não ainda, sem a participação de um terapeuta confiável, que possa conduzir a jornada em meio a recordações traumáticas.

Gostaria de explicar melhor esse ponto, pois trata-se de uma questão importante. Conheço terapeutas para quem é preciso *sempre* enfrentar os problemas, não importa se o cliente tem certeza de estar pronto para isso ou não. Mas a minha experiência me diz que os melhores terapeutas têm uma postura cautelosa e respeitosa quanto a pressionar os clientes, pois reconhecem que cada um tem seu ritmo, até mesmo no que se refere ao autoconhecimento. Nem sempre é bom chegar ao conhecimento vencendo a "resistência" à força. A experiência no limiar do nascimento baseia-se no princípio de que sempre é melhor deixar-se orientar pela sutil sabedoria do eu interior e que se deve sempre atentar para os sinais ideomotores.

Para chegar ao conhecimento, olhe para dentro.
Chegar ao conhecimento olhando para fora
É ficar por fora do conhecimento.

O Búfalo e a Vaca

Antigamente as planícies e pradarias do que agora são os Estados Unidos estavam tão coalhadas de búfalos que às vezes levava vários dias até que uma manada passasse por um determinado trecho. Havia milhões desses imensos animais peludos. Quando nuvens negras se acumulavam, quando soava o estrondo dos trovões e luzia o clarão dos relâmpagos, quando a brisa se transformava em nevasca, os búfalos voltavam-se para a tempestade e lentamente encaminhavam-se para ela. Eles a venciam assim, enfrentando-a diretamente. Isso fez com que seu pêlo fosse ficando mais resistente a cada nova geração. Os búfalos cujo pêlo fosse mais denso estavam mais protegidos e, conseqüentemente, em melhores condições de sobreviver e reproduzir-se. Então, com o tempo, todos os búfalos se tornaram animais verdadeiramente magníficos.

Mas com o tempo também chegaram os colonizadores brancos. Eles não só mataram os búfalos, mas trouxeram consigo as vacas. E, por natureza, as vacas costumam fugir das tempestades, preferindo a segurança dos estábulos. Há quem pense mesmo que a palavra "covarde" — *coward*, em inglês — teve origem no comportamento da vaca — *cow*, em inglês.[1]*

Essa história aparentemente é um convite a nos tornarmos todos búfalos e enfrentarmos qualquer tempestade que nos apareça, do contrário seremos vacas, covardes. E, infelizmente, muitos terapeutas são dessa opinião. Eles pressionam os clientes a enfrentar qualquer coisa, não importa o quanto ela seja traumática. Mas não é assim que funciona a experiência no limiar do nascimento. Nem todos nós somos búfalos. Alguns — talvez a maioria — são mais como as vacas. Precisam de abrigo quando vêm as tempestades. Nem todos têm as mesmas defesas e proteções, como os búfalos com seu pêlo resistente.

A experiência no limiar do nascimento respeita as nossas reações individuais. Afinal, hoje em dia há mais vacas que búfalos na Terra. O mecanismo de sobrevivência das vacas funcionou para elas tão bem quanto o pêlo para os búfalos. Não somos todos iguais.

Não existe guia melhor para o que devemos fazer do que o eu interior. É por isso que confiamos na sabedoria dos sinais ideomotores e a usamos. Pressionar alguém a enfrentar alguma coisa quando os sinais ideomotores dizem "não" é, além de imprudência, desrespeito por essa profunda fonte de conhecimento. Quem desconsidera os sinais ideomotores está violando uma das regras básicas da experiência no limiar do nascimento e procurando confusão.

De acordo com a minha experiência, vale a pena pedir a um terapeuta ou outra pessoa de sua confiança que o oriente nesse pro-

---

* Curiosamente, no idioma português, a palavra "vaca", entre outros significados, também designa o "indivíduo indolente, frouxo, moleirão, covarde". (N.T.)

cesso, se você quiser dar o segundo passo. Nesse caso, essa pessoa deverá perguntar-lhe: "Você concorda que [seu nome] relembre os fatos de sua vida intra-uterina, ou mesmo anteriores?" Observe que a pergunta está formulada de uma maneira especial. Normalmente, perguntaríamos apenas: "[Seu nome], você concorda em relembrar os fatos de sua vida intra-uterina, ou mesmo anteriores?" Mas na experiência no limiar do nascimento a pergunta é dirigida especificamente ao inconsciente: "Você concorda que [seu nome] relembre os fatos de sua vida intra-uterina, ou mesmo anteriores?"

Em geral também é seguro realizar o processo sem a ajuda de outra pessoa. E dessa forma também se podem obter boas informações. Mas lembre-se: se — *e apenas se* — os sinais ideomotores lhe derem uma resposta afirmativa inequívoca. Aí então, e só então, você poderá passar ao segundo passo.

Seja paciente ao longo do processo: entenda que, se não tiver hoje um "sim" bem claro, poderá tê-lo amanhã, na semana que vem ou no mês que vem. Lembro-me de Frank, um cliente que me fora recomendado por outro cliente meu. Ele nunca havia feito nenhum tipo de terapia e estava muito nervoso.

Frank me disse que queria que eu o orientasse durante a experiência no limiar do nascimento. Mas os sinais ideomotores o contradiziam; portanto, ou não era seguro, ou o inconsciente não estava disposto a cooperar com a regressão ao útero. Frank ficou decepcionado, mas concordou em agir como seu inconsciente lhe dizia.

Conversamos sobre o que estava acontecendo na vida dele. E então suas emoções começaram a transbordar. Frank lutara no Vietnã e vivenciara coisas que só os mais próximos sabiam. Além disso, havia outras coisas que ele nunca tinha contado a ninguém. Como segundo-tenente, ficara responsável por um destacamento que deveria vigiar uma área infestada de vietcongues. Um dia, viu um *flash* e acordou num dos sacos em que se colocavam os cadáveres. Alguém disse: "Espere, acho que este aqui ainda está vivo." Aparentemente era mais fácil para Frank enfrentar as lembranças do Vietnã do que prosseguir com a experiência no limiar do nascimento, então eu sugeri que tentássemos outro procedimento, chamado redução de incidentes traumáticos (RIT).[2]

Ele concordou, e, depois de várias sessões, resolvemos perguntar novamente a respeito da experiência no limiar do nascimento. Dessa vez os sinais ideomotores disseram "sim", e a sessão foi muito produtiva.

Em última análise, o proveito que se tira da experiência no limiar do nascimento depende da confiança que existe na relação entre a pessoa que está sendo orientada e a que a está orientando. (Se você mesmo estiver orientando o processo, isso quer dizer amar, confiar e cuidar de si próprio. É preciso que você tenha certeza de que a pessoa que o orienta — seja quem for — só quer o seu bem.) Para ganhar essa confiança, o orientador precisa ter um compromisso incondicional com o seu bem-estar. Nunca se deve deixar que a possível curiosidade sobre o que aconteceria numa regressão a uma vida anterior ou a um momento com Deus antes desta vida prevaleça sobre a orientação oferecida pelos sinais ideomotores. Se o dedo "não" indicar que você deve parar, pare imediatamente.

Quando o dedo "sim" indica que o eu interior irá colaborar no processo de regressão ao útero, garantindo a sua segurança, então eu peço à pessoa que feche os olhos e imagine como seria a vida intra-uterina. "Como seria estar dentro do útero? Qual seria a temperatura? Qual seria a sua provável posição? O que você provavelmente ouviria? Como seria essa experiência?" Peço-lhe também que fale tudo o que lhe vier à cabeça em relação a essa experiência. Muitas vezes ouço coisas como: "Bem, provavelmente seria escuro e quente. Talvez eu escutasse as batidas do coração da minha mãe." De vez em quando, fala-se em estar de cabeça para baixo ou em dar cambalhotas.

Então eu peço à pessoa que descreva tudo aquilo que estiver sentindo e que deixe o dedo "sim" reagir quando o que lhe vier à mente for uma lembrança, e não imaginação. Na maioria dos casos, quando se chega a esse ponto do processo, o inconsciente aceita essa sugestão e a interpreta de um modo significativo. Logo em seguida, o dedo "sim" se mexerá quando as pessoas estiverem falando de alguma experiência, por exemplo, lembrando do ambiente aquoso do útero, do ruído do líquido amniótico ou das batidas do coração da mãe.

Quando o dedo "sim" se mexe, geralmente eu peço que prossigam até chegar ao ponto em que o parto começa e observem quem é que dá início ao processo de nascimento. Na maioria das vezes, as pessoas relatam que são elas mesmas que dão início ao trabalho de parto, chutando as paredes do útero ou espreguiçando-se.

Então pergunto se elas concordam em prosseguir. Se os sinais ideomotores indicarem que podemos fazê-lo com segurança, nós vamos em frente, passando do parto para os primeiros momentos de vida fora do útero. Enquanto isso, vou perguntando à pessoa o que está acontecendo em cada uma das etapas. Às vezes as energias se concentram num determinado momento, como por exemplo aquele em que a mãe toma o bebê nos braços pela primeira vez, ainda na sala de parto. Mas cada um reage à sua própria maneira.

Muita gente fica surpresa pelo fato de sua experiência no limiar do nascimento ser tão vívida e estar associada a emoções tão fortes. "Foi tão real, mas eu devo ter imaginado pelo menos uma parte daquilo. Como eu poderia ter entendido o que a minha mãe disse quando eu nasci?"

É comum a permanência no útero estar associada a sensações de bem-estar, felicidade e liberdade. E algumas pessoas chegam a ficar chocadas com suas próprias lembranças. Lembro-me particularmente de uma mulher, Dolores, que relatou a presença de "outra pessoa aqui" durante a experiência no limiar do nascimento. Imediatamente vi que ela não estava se referindo à mãe.

Ela afirmou que sentia claramente a presença de outra pessoa no útero, com ela, e acrescentou que essa pessoa se despediu dela logo antes do nascimento. A lembrança era tão forte que Dolores quis ir até o fim, em busca de uma explicação para isso. Procurou a mãe e contou-lhe o que tinha vivenciado. Só então a mãe lhe contou o que havia acontecido: Dolores tivera um irmão gêmeo! Entretanto, a criança nascera morta. Tanto quanto se lembrassem, a mãe de Dolores nunca havia lhe contado nada sobre esse irmão gêmeo.

Uma Base para Futuros Trabalhos

Como você sem dúvida está começando a perceber, a regressão ao útero constitui uma importante etapa da experiência no limiar do nascimento, pois resgata as primeiras lembranças que temos desta vida, lembranças que geralmente estão associadas a proteção e bem-estar. A capacidade de recuperá-las prepara o terreno para recordar outras experiências, até mesmo anteriores a esta vida. Além da experiência intra-uterina, a experiência no limiar do nascimento pode levar-nos à recordação do tempo que antecede a entrada da alma em nosso corpo físico. Para a maioria das pessoas, essa é geralmente a parte da experiência no limiar do nascimento que tem mais impacto. É aqui que podemos encontrar a Luz Brilhante, que vivenciamos como Deus. É aqui que podemos ter um contato direto com Deus e encontrar um amor que nunca antes desfrutamos tão completamente em nossa vida.

CAPÍTULO SEIS

※

O Retorno à Intervida

A espiritualidade é o centro sagrado de toda espécie de vida, inclusive segundas e terças-feiras e chuvosas tardes de sábado em todos os seus detalhes mundanos e gloriosos. [...] A jornada espiritual é a comunhão da vida da alma com a vida cotidiana.

— Christina Baldwin

Imagine a liberdade de existir só como espírito, ser incorpóreo e estar em perfeita comunhão com um Ser de Luz. Só a recordação de uma experiência como essa já poderia transformar a sua vida aqui na Terra. Lembre-se do caso de Bill, que se viu no colo de Deus, contemplando a Terra distante rodar como um pião no espaço vasto e infinito. Quem viveu uma experiência assim se sente amado, talvez como nunca antes, e isso faz uma enorme diferença na forma como a pessoa se relaciona com o mundo. A auto-estima aumenta consideravelmente. Além disso, é provável que essas pessoas encontrem um sentido em todo e qualquer sofrimento que possam ter tido, tornando-se mais capazes de lidar com situações difíceis. Elas perdem o medo da vida e o medo da morte, encontrando sentido e alegria em cada dia que vivem. As histórias de pessoas assim nos inspiram e comprovam que as revelações proporcionadas pelas experiências no limiar do nascimento podem mudar o nosso modo de viver o dia-a-dia.

Phyllis Encontra uma Nova Esperança

Phyllis fazia parte de um grupo de adolescentes que tinha uma sessão semanal comigo durante todo o ano letivo, na própria escola. A direção do colégio me pedira que trabalhasse como facilitador com esse grupo, que deveria funcionar como um recurso para os alunos que tinham problemas com a lei, com as autoridades escolares ou com a família e os vizinhos. Phyllis se enquadrava em todas essas categorias. Eu gostava dela. Ela sempre tinha uma opinião sobre tudo e não hesitava um minuto em externá-la.

Numa das sessões, Phyllis disse que não se importava com o que pudesse lhe acontecer. E daí se pegasse AIDS? A vida era uma droga mesmo. Ela vivia com a mãe. O pai estava fora do país, mas havia telefonado para avisá-la de que voltaria a tempo de comemorar seu aniversário de dezesseis anos — só que o aniversário tinha sido dois dias antes. Ele esquecera a data certa. Aquilo, além de machucar, havia deixado Phyllis com raiva, pois era mais uma prova de que o pai não se importava com ela. Ela só o vira em três ocasiões desde o divórcio, quatro anos antes.

Phyllis sentia atração sexual por homens que tinham cerca de dez anos mais que ela. Disse que detestava crianças e que faria logo um aborto se ficasse grávida. Perguntei-lhe se achava que sua vida tinha algum sentido, e ela reagiu como se aquela fosse uma pergunta ridícula: "A vida não tem o menor sentido", disse.

Eu disse que discordava, que provavelmente havia algumas coisas que ela havia esquecido e, se quisesse relembrar, eu poderia ajudá-la. Seria preciso levá-la a um momento anterior ao seu nascimento. "Quero ver!", disse ela, com um olhar que mostrava claramente que não acreditava na possibilidade.

Então pedi aos outros jovens que ficassem em silêncio ou saíssem para não perturbar Phyllis. Como estavam curiosos, ficaram quase todos. E ficaram quietos, o que, para aquele grupo, era uma façanha inédita.

Primeiro expliquei-lhe como funcionavam os sinais ideomotores e depois a fiz regredir ao útero. Ela falou que lá era escuro e quente e que via algo vermelho. Seu dedo "sim" começou a se mexer. Perguntei-lhe em que posição ela estava. "De cabeça para baixo", respondeu. Estava chupando o polegar, que tinha gosto de sal. Em seguida, começou a descrever a pressão e os movimentos do parto até sua cabeça apontar.

Phyllis descreveu o que havia acontecido logo após o seu nascimento: fora colocada no colo da mãe e mamara seu leite quentinho. Então parou e disse: "Pronto, acabou-se." Havia retornado espontaneamente da regressão e pensava que acabaríamos ali. Mas ainda tínhamos a etapa três — só havíamos terminado as etapas um e dois da experiência no limiar do nascimento.

Pedi-lhe que retornasse ao útero, a um momento em que aprendera algo que desde então havia esquecido, algo que tinha a ver com seu propósito na vida. Ela ficou curiosa, e logo estava de volta ao útero. Pedi-lhe que retrocedesse mais. De repente ela fez uma expressão de surpresa. Perguntei o que estava acontecendo, e ela respondeu: "Estou numa nuvem fofinha. É como no dia em que tomei LSD." Em seguida, disse que estava olhando a Terra de cima e vendo o pai num bar. Sentia-se atraída por ele, mas sabia de algum jeito que nessa atração não era ele quem poderia ajudá-la, mas sim ela a ele.

Phyllis fez uma pausa e disse: "Eu vou ter uma família!" Ela estava com o Ser de Luz. Ele a ajudava a entender que, se encontrasse alguém muito diferente do pai e esse alguém gostasse de filhos, ela seria muito feliz como mãe. Sua missão era amar. Aturdida, não quis falar sobre a experiência na frente dos colegas. Perguntou se poderíamos conversar no meu escritório.

Quando nos encontramos, dois dias depois, ela me disse que queria saber se tinha QI suficiente para fazer faculdade. Apliquei-lhe um "teste" (a Escala Wechsler de Inteligência do Adulto) que demonstrava que sua inteligência estava acima da média. Havia decidido cursar a universidade e, agora que sabia que tinha inteligência suficiente, iria inscrever-se.

Ela não voltou a falar sobre a experiência no limiar do nascimento, mas tinha sido claramente influenciada por ela. Além disso, a experiência fortalecera sua relação comigo. Phyllis acabou por convidar-me para a cerimônia de sua formatura do segundo grau e veio ver-me muitas vezes em meu escritório nas férias e durante o primeiro ano de faculdade. Tomávamos chocolate e conversávamos. Sua vida ainda é muito difícil, mas hoje ela é uma universitária cujas notas, por sinal, estão um pouco acima da média. A relação com o pai ainda é problemática, mas ela tem esperança de viver uma vida com amor e sentido. Provavelmente há muitas razões para isso. A experiência no limiar do nascimento é uma.

Rompendo o Ciclo do Abuso

*Temos todos os obstáculos de que precisamos
para atingir nossas metas.*

Essa citação, que vi em um adesivo de pára-choque, é uma boa descrição inicial de Andrew. Ele me procurou cerca de um ano depois de se divorciar. Estava deprimido e não via sentido na própria vida. Abandonara o emprego e estava vivendo da renda proveniente da venda de sua casa.

Estava tendo recordações de quando tinha oito ou nove anos de idade. Lembrava-se de ver o pai entrando no quarto que ele dividia com a irmã mais velha, de dez ou onze anos, e o irmão mais novo, de seis ou sete anos. Andrew dormia na cama inferior de um beliche; a irmã, na superior, e o irmão, numa cama separada.

Andrew lembrava-se de que o pai entrava no quarto muitas vezes por noite. Quando a porta rangia, ele fingia dormir. Ouviam-se passos pelo quarto e ruídos que o pai fazia ao subir a escada do beliche. Então, com os olhos abertos no escuro, Andy ouvia a cama ranger e a irmã dizer: "Não, papai. Não faça isso, por favor."

Ela falava bem baixo e choramingava enquanto o pai dizia: "Bom, você é quem escolhe. Se não quiser, tenho um veneno aqui para lhe dar." Então a cama começava a ranger, fazendo Andy ter vontade de dar um pontapé no colchão de cima e derrubar o pai. Queria que ele caísse e quebrasse a cabeça, mas tinha medo. Medo de que o pai o matasse e ao resto da família. Medo de que a irmã também caísse e quebrasse a cabeça se ele chutasse a cama de cima. Ao contar-me essa recordação, ele chorava e dizia: "Sou um covarde."

Embora estivesse cético, concordou em tentar a regressão ao útero quando eu a sugeri. Identificamos os sinais ideomotores digitais "sim", "não" e "não sei ou não quero lhe dizer". Em pouco tempo, ele estava de volta ao útero e chegou ao momento do parto sem maiores problemas. Seus primeiros momentos na sala de parto foram normais. A mãe estava consciente e o recebera com sinais de verdadeira alegria.

Pedi-lhe que voltasse ao útero, coisa que ele fez prontamente, e disse: "Volte a um ponto em que você sabe que há algo importante sobre sua vida." Em resposta a esse comando, ele se viu de repente fora do corpo, olhando a mãe de cima, a uma grande distância da Terra, talvez mais de 150 quilômetros. "Vejo minha mãe e posso ver a história dela e do meu pai. É como o DNA, que remonta a centenas de anos. As tendências ao abuso e à indiferença se entremeiam. Sei de alguma maneira que é meu dever interceder nesse DNA e alterá-lo, interrompendo-o para que meus filhos e a próxima geração não tenham de sofrer o mesmo que as gerações anteriores", disse ele. Quando terminamos, ele estava inteiramente concentrado no que iria fazer. "Tenho de romper esse ciclo", disse.

Alguns meses depois dessa experiência, Andrew trouxe-me este poema:

Eu os Conheço

Olho para baixo e vejo os pais que escolhi —
Eu os conheço.
E vejo os seus pais
E os conheço.

> *Vejo todos os pais*
> *E conheço todos eles.*
> *No entanto, nenhum deles me conhece.*
> *Ou será que sim?*

Um dos meus *souvenirs* favoritos são as fotos que tenho oficiando o casamento da filha de Andrew e carregando seu primeiro neto no batismo. Tenho certeza de que Andrew conseguiu romper o ciclo de abuso e que seus netos e bisnetos estarão livres do sofrimento que ele vislumbrou nas gerações anteriores. A espiritualidade é agora o que mais importa na vida de Andrew, juntamente com seus filhos e seu neto.

Escolhas Antes da Concepção

Alan perguntou-me se eu poderia ajudá-lo a regredir ao útero e até a um momento anterior, se possível. Tinha um amigo que lhe falara a respeito dessa experiência, e ficara curioso. Então, após a etapa de aprendizagem dos sinais ideomotores, Alan conseguiu regredir ao momento do nascimento. O parto e os primeiros instantes de vida foram bastante normais. Pedi-lhe que retornasse ao útero e retrocedesse a um momento anterior.

Logo ele teve uma recordação de estar fora do corpo, no espaço, com um Ser de Luz. Viu outra alma aproximar-se desse Ser e a "ouviu" dizer-lhe: "Se me deixar viver, eu lhe dedicarei o resto da minha vida." Alan se interessou e pensou que, se essa alma voltasse ao corpo, ele gostaria de ter essa pessoa como pai, pois queria viver no seio de uma família em que Deus fosse lembrado e adorado. Sabia que muita gente se esquece de Deus quando nasce e queria que o pai fosse capaz de lembrar-se dele. Então Alan o selecionou para ser seu pai.

Mas os anos foram passando, e o pai esqueceu seu compromisso — e Alan também. Passaram a viver sem lembrar-se de Deus. Alan lembrava-se de ouvir o pai contar que participara da invasão do Pacífico Sul durante a Segunda Guerra Mundial, saltando numa ilha tomada pelos japoneses. Ao ser atingido, dissera: "Deus, se me deixar viver, eu lhe dedicarei a minha vida." E perdeu a consciência. Os médicos o colocaram junto dos cadáveres, mas depois alguém percebeu que ele estava respirando.

Alan nasceu quase dois anos depois. Ele acha que, quando o pai foi ferido, sua prece foi ouvida não só por Deus, mas também por ele próprio, que estava com Deus naquele momento. Alan acredita que foi então que escolheu seu pai, e que o fez para que o pai o ajudasse a lembrar de Deus nesta vida. A experiência no limiar do nascimento o ajudou a retomar o contato com a própria espiritualidade, além de fortalecer sua união com o pai.

O Senso de Humor Curativo de Deus

John procurou aconselhamento porque seu casamento estava em perigo. Ele entrou visivelmente nervoso em meu escritório e disse-me que nem ele nem a mulher gostavam da forma como estavam se relacionando um com o outro. Com a mulher, costumava sentir-se como um garotinho criticado pela mãe. Fizemos duas sessões de terapia tradicional, nas quais suas dúvidas quanto ao fato de sua mãe realmente o amar e respeitar como adulto afloraram.

Na terceira sessão, ele decidiu que queria regredir ao momento do parto para sentir como fora viver as primeiras horas de vida ao lado da mãe. Queria saber se ela o havia recebido bem ou mal.

Ao regredir ao momento do parto, ele relatou que se sentia bem recebido e amado por ela. Foi abraçado com carinho na sala de parto; a mãe estava claramente encantada em vê-lo. Essa experiência foi muito agradável para John e o fez começar a ter pensamentos mais amorosos em relação à mãe.

Então ele resolveu regredir à sua recordação mais antiga. Quando sugeri que voltasse ao útero e então retrocedesse ao primeiro momento de sua vida, ele voltou no tempo até ser um pontinho no útero. E continuou a flutuar para trás até ver-se na presença de uma Luz Brilhante, que intuiu ser Deus. E parecia-lhe que a Luz estava com ele naquele momento, naquela sala, não só como recordação, mas como uma realidade presente. John então fez perguntas sobre sua vida a Deus, recebendo dele respostas que o ajudaram muito.

Logo antes de a sessão terminar, ele perguntou à Luz: "Você ficará comigo para sempre, pelo menos pelo resto da minha vida?" Deus respondeu: "Só um momento, deixe-me verificar a minha agenda!" John começou a rir. Livrara-se da tensão que tinha ao chegar e saiu sorrindo. Semanas depois, telefonou-me para dizer que as coisas haviam mudado muito desde a nossa sessão. O casamento estava melhor, e ele se sentia mais adulto e mais amado. O que achei interessante é que, apesar de ele não ter feito nenhuma terapia de casal — sua mulher nem sequer viera com ele nas sessões que tivemos —, a experiência no limiar do nascimento influiu profundamente sobre John, ajudando-o a sentir-se amado e a ter uma disposição melhor com relação à mulher.

Jornada nas Estrelas

Nancy regrediu ao útero e, em seguida, a um momento anterior. Descobriu-se então na presença de Deus, em algum ponto do universo, mirando as estrelas e o planeta Terra, gozando de liberdade, alegria e amor. Passou vários minutos desfrutando em silêncio essa experiência emocional e refletindo sobre ela. E percebeu algumas das limitações que havia imposto à sua vida. Começou a sentir a liberdade não apenas como recordação, mas como um fato presente. Sentia a presença de Deus aqui e agora.

Semanas depois, ela me telefonou para contar que acabara de ver uma fotografia de onde havia estado durante sua experiência no limiar do nascimento. Era uma foto do espaço sideral tirada por um astronauta. Mostrava uma galáxia que ela afirmava ser exatamente o local onde estivera. Nancy pôde reconhecê-la justamente pelo fato de ter estado lá durante a experiência no limiar do nascimento. Enquanto eu a ouvia descrever sua passagem pelo espaço, perto das estrelas, lembrei-me da visão de Carl Jung em 1944:

> Eu tinha a impressão de estar bem alto, no espaço. Ao longe, lá embaixo, via o globo terrestre, banhado numa luz azul gloriosa. Era o profundo mar azul e os continentes. Longe, abaixo dos meus pés, estava o Ceilão, e à minha frente, bem distante, o subcontinente indiano. Meu campo de visão não abarcava toda a Terra, mas sua forma esférica era claramente distinguível. Seus contornos eram realçados por um brilho prateado que resplandecia através daquela maravilhosa luz azul. Em vários pontos, o globo parecia colorido ou manchado de verde escuro, como prata oxidada.[1]

Observe-se que Jung teve essa visão antes da chegada do homem à Lua. No entanto, é uma descrição quase exata do relato feito pela NASA sobre a Lua e, depois, sobre outras missões espaciais. É o caso de pensar se a experiência no limiar do nascimento e determinados estados de consciência não nos permitem ter acesso a fontes de conhecimentos e revelações que transcendem nossas faculdades ordinárias. Além disso, há certas evidências de que a regressão a nossos primórdios através do útero permitem-nos retroceder e revisitar vidas passadas. Embora a questão das vidas passadas seja objeto de controvérsia, esse tipo de experiência no limiar do nascimento costuma fornecer revelações sobre a nossa vida atual e sobre como o passado, até o mais longínquo, pode nos afetar.

CAPÍTULO SETE

Retorno a uma Vida Anterior

Eu bem poderia imaginar que talvez tivesse vivido em séculos anteriores e encontrado questões que ainda não podia responder — que tinha de nascer de novo porque não havia cumprido a missão que me havia sido confiada.

— C. G. Jung[1]

À s vezes, quando lhes peço que voltem ao passado mais distante que podem recordar, as pessoas que se submetem à regressão ao útero vão diretamente a uma vida passada. Elas descrevem sucinta e claramente uma vida muito diferente da que vivem agora; descrevem sua personalidade naquele momento, o que vestiam, o que fizeram naquela vida e até mesmo o que pensaram e sentiram então. Por mais diferentes que essa vida seja, existe para as pessoas uma sensação de continuidade entre os temas dessa vida passada e os da vida atual. De repente, elas descobrem que essa vida passada lança uma nova luz sobre as suas lutas atuais nos relacionamentos e na profissão ou na atitude em relação a si mesmas.

Devido à continuidade de determinados temas em vidas anteriores e na presente, é impossível pensar que as imagens e revelações sejam apenas imaginação. Embora não possamos provar a existência de vidas passadas, é impossível refutar a importância que essas *re-*

cordações geralmente têm para a compreensão de nossa vida particular aqui e agora. Seremos algum dia capazes de provar sem a menor sombra de dúvida que as recordações dessas vidas passadas são verdadeiras? Talvez seja menos importante perguntar isso do que procurar saber que esclarecimentos essas recordações podem trazer acerca do sentido e da finalidade de nossa vida atual.

Como a descrição de vidas passadas tem surgido com muita freqüência nas experiências no limiar do nascimento que testemunhei e assisti, estou convicto de que esse fenômeno não pode ser ignorado. Como afirma Stanislav Grof no livro *The Holotropic Mind*, "vivenciando episódios de vidas passadas, as pessoas costumam curar-se de sintomas físicos e emocionais de que padecem em sua vida atual".[2] O funcionamento desse processo e sua importância na experiência no limiar do nascimento revelam-se melhor nas histórias relatadas por pessoas que tiveram benefícios concretos.

JIM E SUA VIDA DE BANDIDO

Jim regrediu ao útero e, quando lhe pedi que retrocedesse ainda mais no tempo, ele recordou uma vida passada num lugar frio e ventoso que bem poderia ser a Mongólia. Vestia-se com peles de animais e usava um elmo ou capacete que tinha forma semelhante à cabeça de um búfalo. Tinha barba e cabelos longos e era o líder de um bando de cruéis salteadores. Vagueavam pelo país a saquear, estuprar e matar sem piedade. Ele parecia nunca se satisfazer e ficava cada vez mais cruel em sua busca de poder e prazer. Por fim, os habitantes das cidades que ele atacara criaram um exército para exterminar o bando inteiro. Num dos combates, ferido de morte por um golpe de espada, ele caiu para trás sangrando copiosamente. Então veio um soldado, agarrou uma imensa pedra e jogou-a sobre seu peito, matando-o.

Ele se lembrou da gratidão que sentiu por ter morrido. Acumular bens, possuir muitas mulheres, matar os que atravessavam seu caminho — tinha uma vida superficial e em nada gratificante. Jim lembra-se de ter sentido inveja dos que eram felizes naquela vida, pois ele era muito infeliz. Vivia de adrenalina, viciado na *onda* que ela lhe dava, mas sempre obcecado em ter mais. Nunca se satisfazia com nada. Estava sempre inquieto, sempre irritado, sempre infeliz.

A lembrança dessa sua vida anterior o colocou diante de um tema que ele tinha dificuldade de tratar na vida atual. Mesmo quando sabia que já tinha o suficiente, continuava ambicionando acumular mais. Com a recordação dessa vida passada, Jim conseguiu reforçar o desejo de, desta vez, levar uma vida mais baseada no amor, em vez de correr atrás de riqueza e poder. Ela o ajudou a agir com base em algo profundo e importante para todo ser humano: a certeza de que o amor vale mais que o poder e as posses materiais, de que a essência daquilo que somos requer o amor, se quisermos nos realizar como pessoas.

A experiência no limiar do nascimento foi sempre muito útil para Jim. A seu ver, não importa saber se a sua lembrança dessa vida anterior é a lembrança de sua própria vida atual, embora ele ache que sim. Mesmo que as cenas recordadas não pertençam a uma vida que ele de fato tenha vivido anteriormente, a mensagem que recebeu foi muito importante: uma vida egoísta jamais será satisfatória.

Ao refletir sobre sua experiência no limiar do nascimento, Jim começou a se questionar em relação à teologia conservadora da igreja em que fora criado. Ele percebeu que na vida passada pertencera ao mundo do crime, matara, estuprara e roubara, desobedecendo aos mandamentos divinos de não roubar, não matar e não cometer adultério. Mas, em vez de ir para o inferno, ele está aqui novamente e tem a oportunidade de refletir sobre essa vida anterior.

Por isso, Jim já não acredita que quem leva uma vida de crimes ou age erroneamente estará para sempre condenado ao inferno. Ele agora pensa que o egoísmo é o próprio inferno de uma vida, mas que a alma não fica presa eternamente a essa vida. Seu desejo de viver com amor agora não é motivado pelo medo do castigo depois da morte, mas sim porque ele quer ter amor e alegria, em vez de viver mais uma vez sem se realizar.

É curioso como a força da experiência no limiar do nascimento está muitas vezes no fato de que aquilo que é revivido proporciona uma nova perspectiva sobre a natureza das coisas em que acreditamos. Quando nossas crenças provocam conflitos interiores, como no caso de Jim, a experiência no limiar do nascimento nos permite uma visão mais ampla, que nos liberta desses conflitos. As verdades que se revelam possibilitam que deixemos as antigas crenças para trás e sigamos adiante, rumo a uma nova forma de entender a nossa vida.

***

É sempre muito interessante ajudar as pessoas a viver a experiência no limiar do nascimento e vê-las chegar a uma vida que lhes parece inteiramente estranha. Então, poucas horas — às vezes poucos minutos — depois de voltar da experiência no limiar do nascimento, elas percebem a importância que os fatos que acabaram de reviver têm para a sua vida atual. O caso de Charlotte, que apresento a seguir, ilustra isso de forma muito nítida e reveladora.

Charlotte (Sho-Nee)

Charlotte regrediu ao útero e relatou, em resposta à minha pergunta ("Você tem uma recordação anterior?"), que estava numa tenda indígena. Vestia peles de animais, quentes mas um pouco ásperas. O marido acariciava-lhe os cabelos, e ela amamentava um bebezinho. O filho de seis anos também estava com eles na tenda. Ela se chamava então Sho-Nee.

Após uma pausa em que parecia estar muito confusa, Charlotte começou a soluçar. Perguntei o que estava acontecendo. "Eles mataram meu filho!" Ela havia regredido à época em que uma tribo adversária atacara a sua, no momento em que seu marido e os demais guerreiros estavam fora, caçando. Descreveu então o pânico ao ouvir o som do galope dos cavalos e o choro das mulheres e crianças em meio aos gritos de guerra dos inimigos. Ela não sabia onde estava seu filho! Pegou então o bebê e saiu correndo da tenda, em busca do garoto. Encontrou-o numa moita, o peito varado por uma flecha. Começou a gritar e, em seguida, foi morta por uma lança.

Ficou em silêncio por uns instantes. Voltara ao presente e soluçava, arrasada pela tristeza. "Não tenho idéia de onde isso possa ter vindo. Não sei nada sobre índios!", disse. E então contou o que havia relembrado.

Depois de sua morte, havia saído do corpo e observara de cima, sentindo-se triste longe do marido, da filha (que sobrevivera ao ataque) e do filho. Enquanto era Sho-Nee, acreditara que deveria entoar o cântico da morte para o marido, a fim de que a alma deste pudesse encontrar a paz — e não poderia fazê-lo porque agora estava morta. Sho-Nee acreditava — e essa era também a crença da sua tribo — que o marido seria então condenado a vaguear para sempre, impossibilitado de encontrar a paz porque ela não havia cumprido seu papel.

Mas, de repente, sorriu. Disse que a alma do marido viera juntar-se à dela. Parecia muito feliz ao dizer: "Nós estávamos errados. Acreditávamos numa coisa que não era verdade! A alma do meu marido encontrou a paz, mesmo eu não tendo entoado o cântico da morte para ele!"

Houve duas mudanças significativas na vida de Charlotte depois de sua experiência no limiar do nascimento. A primeira é que ela passou a entender que as crenças religiosas nem sempre estão certas. Ela começou a viver mais de acordo com a sua própria sabedoria interior, com a sua própria experiência, e agora me faz lembrar um provérbio sufista: *Aquela que experimenta sabe*.

A segunda mudança Charlotte jamais conseguiria adivinhar. Semanas depois de sua experiência no limiar do nascimento, ela me telefonou para dizer que durante toda a vida tivera medo de agulhas e injeções. Nunca tomara vacina contra gripe nem qualquer outra injeção, pois tinha pavor. Mas percebera, desde a experiência no limiar do nascimento, que parara de se incomodar com as agulhas. Tomara uma vacina contra gripe e não sentira o menor medo, o menor pânico. Ela acha que as agulhas tinham relação com a lança que a matara na vida passada, e que a regressão de alguma maneira conseguira ajudá-la a vencer seu medo.

São muitas as surpresas que existem neste trabalho, tanto para a pessoa que está agindo como facilitadora quanto para quem está vivendo a experiência no limiar do nascimento. Para Maria, cuja história apresento a seguir, o que se revelou não foi a sua própria vida passada, mas a do filho. A experiência no limiar do nascimento deu-lhe uma nova compreensão de um comentário do filho. No percurso, ela mudou radicalmente de opinião em relação ao aborto.

O Aborto de Maria

Maria regrediu até o próprio nascimento. O parto fora normal, e logo em seguida ela fora levada aos braços da mãe. De repente, voltou espontaneamente da regressão ao lembrar um fato que havia ocorrido quando tinha 28 anos, pouco tempo antes.

Quando o filho tinha mais ou menos três anos e meio, disse-lhe: "Mamãe, por que você não me deixou ficar na primeira vez que eu vim para você?"

Ela não sabia o que ele estava querendo dizer.

"Você sabe, mamãe. Quando eu estava na sua barriga da primeira vez e você não me deixou ficar!" Então ela percebeu a que ele se referia. Maria fizera um aborto antes de se casar. Não havia contado a ninguém sobre isso, e certamente o filho não poderia saber de nada. Mas estava ali dizendo que se lembrava de ter sido abortado e que optara por voltar outra vez. Queria que ela fosse a sua mãe. Ela é muito ligada ao filho, e acha que ele de fato a escolheu duas vezes para ser sua mãe.

Maria nunca havia elaborado emocionalmente o aborto, mas de repente ele estava sendo colocado à sua frente. Bem no fundo, sempre havia considerado errado fazer o aborto. Mas também achava que o bebê tinha morrido, não que teria a chance de viver novamente e ser seu filho. E agora não sabia mais o que pensar, a não ser que somos mais que um corpo e não morremos quando o corpo morre. Sempre se interessara por psicologia e espiritualidade, e agora acaba de concluir um mestrado em psicologia.

Ela faria isso mesmo que não vivenciasse a experiência no limiar do nascimento, mas esta contribuiu para aumentar a sua percepção da própria espiritualidade e da possibilidade de vida antes desta vida.

Maria me disse que, refletindo sobre a sua experiência no limiar do nascimento, mudara de opinião a respeito da questão do aborto. Antes pensava que uma feminista deveria ser a favor, que o direito de escolher era importante. Mas agora acha que são os homens os beneficiados, e não as mulheres. "São eles que acabam ficando numa boa sem nenhuma responsabilidade. Se nós fizermos um aborto, a responsabilidade passa a ser só nossa, e eles ficam livres!"

Maria acredita que convencer as mulheres de que o aborto é um direito pelo qual devem lutar é uma forma de colocar toda a responsabilidade pelo controle da concepção nos ombros da mulher, e isso não é justo. Agora que se tornou assistente social, pretende incluir a experiência no limiar do nascimento entre os recursos que utiliza para ajudar as pessoas. Ela sempre foi muito ligada ao filho, e a experiência no limiar do nascimento contribuiu para reforçar o elo entre eles.

A vivência de uma vida passada pode revelar uma missão que antes não percebíamos. Mesmo fatos insignificantes, como certas preferências ou interesses que temos nesta vida, são explicados quando nos aventuramos a buscar as nossas mais remotas recordações. Quando esses interesses e preferências são explicados no decorrer do processo da experiência no limiar do nascimento, parecendo até mesmo ratificar as recordações, o efeito pode ser bem dramático.

Nasce uma Ponte para a Cura

Alois era membro da equipe de um centro de retiros do estado de Washington quando fui convidado para fazer uma demonstração do emprego da experiência no limiar do nascimento. Ele ficou muito interessado e apresentou-se como voluntário para a regressão ao útero. Tudo transcorreu com muita rapidez e facilidade, e ele se viu espontaneamente em outra vida. Tinha catorze anos de idade e estava com um homem fardado que dizia em alemão: "Seu judeu estúpido!" Alois protestou, também em alemão: "Deixe-me em paz! Não fiz nada de errado! O que foi que eu fiz?"

Enquanto ele falava, o homem pegou uma pistola e deu-lhe um tiro na testa, matando-o imediatamente. Isso fora antes do começo da Segunda Guerra Mundial e antes da criação dos campos de concentração, provavelmente em meados dos anos 30. Alois não estava certo quanto à data, mas era o mais provável. Nesta vida nascera no ano de 1940.

Minutos depois de ser assassinado, o Alois da vida anterior, cujo nome ele não lembrava, abandonou o corpo e se viu na presença de um Ser de Luz. Este lhe disse que na vida seguinte — que é esta —, ele teria a missão de ajudar a transpor o abismo entre alemães e judeus e que a melhor maneira de fazê-lo seria nascer judeu na América e voltar à Alemanha para casar-se com uma mulher cuja família tivesse tido envolvimento na perseguição aos judeus.

Alois ficou muito emocionado com essa sessão, pois explicava algumas coisas de sua vida que até então o deixavam desnorteado. Por exemplo, ao ficar grávida dele, em 1940, a mãe tinha estranhos desejos de tomar cerveja alemã. Ela vivia no Wisconsin e, até aquele momento, detestava cerveja. Além disso, sendo judia, não tinha muita afinidade com as coisas da Alemanha — sabia que os judeus alemães estavam sendo cruelmente perseguidos. Mas teve desejo por cerveja alemã até Alois nascer e, depois disso, voltou a detestar cerveja.

Quando era adolescente, Alois quis aprender a falar alemão e ir para a Alemanha. Fez ambas as coisas e sentiu muita vontade de visitar um campo de concentração. Sabia que os pais haviam perdido parentes nesses campos. Ao entrar finalmente em um, pegou um punhado de terra e ficou pensando se não estaria misturada às cinzas dos que haviam sido cremados ali. Sem saber por quê, passou um pouco dessa terra no dorso da mão, formando um "J". Ao pegar o trem de volta à cidade, um dos passageiros notou o "J" e contou-lhe, muito emocionado, o que significava: era assim que os judeus eram marcados nos campos de concentração durante a Segunda Guerra Mundial. Alois não tinha conhecimento consciente disso.

A experiência no limiar do nascimento explicou-lhe muitas coisas e deu-lhe a sensação de ter escolhido uma missão nesta vida, que inconscientemente vinha cumprindo. É casado há muitos anos com uma alemã cuja família perseguira os judeus na guerra e dedica-se a buscar meios de aproximar os judeus e os alemães que tanto os perseguiram.

Acredito que a experiência no limiar do nascimento nos convida a ver além dos limites da realidade consensual, isto é, ver além do que a sociedade e os amigos nos dizem que é verdade e mentira. Inclino-me a concordar com Stanislav Grof quando ele afirma, em *The Holotropic Mind*: "Nossas vidas não são moldadas apenas pelas influências imediatas do ambiente desde o dia em que nascemos. Importância igual têm as influências ancestrais, culturais, espirituais e cósmicas, que vão muito além do âmbito do que é percebido pelos cinco sentidos."[3]

A questão do que é real em contraposição ao que é produzido pela mente sempre surge no decorrer do processo da experiência no limiar do nascimento. Esse tipo de questão pode tornar-se uma fonte de inquietação se não entendermos que há um conjunto de perguntas bem diferentes a se fazer. Acho que a melhor maneira de ilustrar isso será contar uma experiência no limiar do nascimento facilitada por mim, na qual uma mulher se vê de repente, na metade da vida, pensando numa série de coisas inteiramente inesperadas.

Uma Questão de Autenticidade

"Vejo uma menininha na varanda, escutando os pais discutirem. Ela está vestida de cor-de-rosa e tem cabelo louro" — assim ela começou o relato, em junho de 1993. A mulher que fala fazia cinqüenta anos naquele dia. Estávamos numa palestra em que eu havia feito uma demonstração da experiência no limiar do nascimento, e ela pedira que eu a fizesse regredir ao útero para reviver o dia do seu nascimento. Então eu resolvera dar-lhe esse presente. Vários de seus amigos estavam lá; dois haviam levado gravadores para gravar a sessão. Sentamo-nos em círculo.

Com o auxílio dos sinais ideomotores, ela regrediu ao útero e depois ao nascimento. Gostou muito do momento no quarto do hospital, logo depois de nascer, escutando os pais conversarem — com quem ela se parecia mais, se havia puxado o lado paterno ou materno da família. O pai estava de gravata e parecia tão jovem! Ele havia morrido cerca de dez anos antes dessa sessão, então ela estava muito feliz por poder vê-lo e ouvi-lo novamente. Sorria muito enquanto relatava essa recordação.

Quando lhe perguntei se gostaria de retroceder a um momento anterior, ela disse que sim. Então voltou ao útero para chegar ao momento da concepção, à recordação mais antiga que tivesse. De repente viu-se recordando uma varanda e uma época em que tinha quatro anos de idade. Perguntei-lhe onde era isso. Tratava-se de Cincinatti, Ohio, no ano de 1939. Sua expressão era de espanto e descrença. Ainda não havia nascido em 1939, jamais havia estado em Cincinatti e a criança que via era branca. Nesta vida ela era negra!

Estava ouvindo pessoas que sabia serem seus pais. Eles discutiam na cozinha e, no entanto, ela sabia que eles não eram seus pais nesta vida e que nunca havia entrado naquela cozinha. Disse que se chamava Amanda. Perguntei os nomes de seus pais, e ela disse que eram Richard e Gail. Ao perguntar seu sobrenome, ela parou um instante e então disse: "White".

Daí passou a outra cena. Ou talvez seja mais correto dizer *a cena mudou*. Ela aparentemente não tinha controle sobre o que via. Agora tinha sete anos de idade e estava no banco traseiro do carro. Os pais iam na frente. Ouviu a mãe dizer: "Richard, diminua a velocidade!", mas o pai disse que era ele o motorista e que sabia o que estava fazendo. Estava bêbado. Acelerou, saiu da pista, e acabou batendo numa árvore. Os três morreram instantaneamente.

Ao relatar essa recordação, começou a ter dificuldade de respirar. Segurou o pescoço com as mãos ao descrever a morte. Em seguida, relaxou. Viu-se, como Amanda, flutuando acima do carro e indo em direção a um Ser de Luz que lhe disse que sua vida seguinte (esta) seria mais feliz. Essa previsão foi confirmada por ela, que afirmou ser muito feliz nesta vida.

Mas, depois dessa experiência, ela ficou inquieta. De onde vinham aquelas imagens? Haviam-lhe ensinado que a reencarnação não existe, mas isso fazia parte de uma falsa crença religiosa. Aquilo era real ou não? Tinha dificuldade em assumir a própria experiência porque autoridades exteriores já a haviam convencido de que elas é que deviam definir o que é realidade. O que ela vivenciava não era real.

Esse dilema é muito compreensível. Eu também queria verificar algumas coisas. Meu primeiro impulso foi resolver a questão escrevendo à Hamilton County Board of Health e ao Bureau of Vital Statistics de Cincinatti para saber se tinha havido algum acidente que tivesse matado Amanda, Richard e Gail White no início da década de 40. Eles responderam que não, não havia nenhum registro disso. Mas, quando telefonei, informaram-me que haviam procurado nos arquivos com base no sobrenome "White".

Enquanto refletia sobre tudo aquilo, pensei que provavelmente o sobrenome daquela família não era "White", mas que os nomes podiam ser válidos. "Amanda", nesta vida, é negra, e seu nome não é Amanda. Acho que ela ficou tão surpreendida ao ver que fora branca em outra vida que, quando lhe perguntei o sobrenome, a palavra "White" veio como parte dessa surpresa. Pretendo verificar isso. Preciso desse tipo de aferição. Portanto, irei pessoalmente procurar nos arquivos, com base nos nomes "Amanda", "Gail" e "Richard", pessoas de sobrenome igual que tenham morrido num acidente de carro no início da década de 40 em Cincinatti.

Mas acho que devemos nos perguntar: "É a *veracidade literal* de um relato o que nos importa nesses casos?" Mesmo que eu esteja convencido de que Amanda de fato viveu e morreu como relatou em sua experiência no limiar do nascimento, não creio que o maior benefício esteja em verificar a veracidade do fato em si. Em vez disso, o valor de relembrar uma vida passada está naquilo que ela tem a nos dizer. Ela é como uma alegoria, do tipo que se costuma usar no ensino de conceitos religiosos, e se destina à alma. Se aconteceu ou não, não importa tanto. Ela fala sobre nós e faz parte do mundo interior que molda aquilo que somos. Ela tem algo importante a nos dizer, mas a sua importância talvez não esteja no seu sentido literal.

Capítulo Oito

Barbara e a "Equipe Classe A"

Certo dia, uma garotinha aluna do primário de um colégio de freiras levantou a mão e perguntou se podia ir ao banheiro. A freira disse que não, pois na véspera havia demorado demais para voltar e isso não podia se repetir. Ao chegar em casa, a menina comeu um sabonete. No ano seguinte, comeu vários sabonetes e foi reprovada. Teve de repetir o ano. E de tomar o cuidado de não beber nada para não precisar ir ao banheiro durante as aulas.

Ela se chama Barbara. Quando fez 42 anos, lembrou por que havia comido os sabonetes. Apagara da memória o dia em que havia demorado para voltar do banheiro, mas de repente se lembrou. Um padre a vira no corredor e ordenara-lhe que o acompanhasse. Levou-a a uma sala vazia, onde abusou sexualmente da menina. O sabonete foi sua forma de limpar-se por dentro, da forma mais eficaz que conhecia. Porém, por mais sabonetes que tenha comido, nunca se sentiu limpa. Achava que Deus era um monstro a ser temido, pois aquilo acontecera em sua escola, nas mãos do seu sacerdote, e ela não se sentia segura na igreja. Jamais se sentira limpa ou digna de ser amada — até o dia da experiência no limiar do nascimento, que fez parte de sua terapia.

Quando nos conhecemos, Barbara desconfiava de mim. Não tinha muita confiança nos homens, principalmente os do clero. Mas tinha uma amiga muito íntima, Carol, que participava de um grupo que eu aconselhava, voltado para mulheres vítimas de abuso na infância. Carol tanto fez e insistiu que Barbara afinal se juntou ao grupo. Nas duas primeiras sessões, ela foi mais espectadora que participante. E nas sessões individuais insistia para que Carol a acompanhasse, alegando que assim se sentiria mais segura. Mas, algum tempo depois, começou a abrir-se, a relaxar um pouco. E logo estava falando tanto quanto os outros participantes do grupo, às vezes até mais. Disse o seguinte sobre seu antagonismo em relação à Igreja: "É dirigida por homens. Não só o papa e a Igreja católica, mas todas elas. Ser mulher na Igreja é como estar dentro de um caldeirão, ser cozinhada viva por canibais que põem uma tampa no caldeirão e homens sentados em cima, para que você não escape nunca mais."

Numa das sessões, ela manifestou sua raiva contra os homens dizendo que tinha vontade de esmagar tudo, pois sua fúria era tanta que nada, a não ser a destruição, a satisfaria. Então, na semana seguinte, levamos pratos e outros utensílios de louça velhos até um terreno baldio próximo, para que Barbara e Carol os jogassem nas pedras. E foi o que elas fizeram, gritando de raiva, até que caíram na gargalhada, aliviadas. Esse foi um dia que depois comentamos várias vezes, sempre na base da risada.

Comecei a esperar pelo dia das sessões do grupo. Em geral todos já haviam chegado quando Carol e Barbara, rindo e ouvindo música no volume máximo, chegavam no conversível de Barbara. Muitas vezes, as duas traziam café com leite para o pessoal do grupo. A partir daí fui me acostumando a esse hábito de Seattle, no início só por educação, mas depois porque comecei a achar café com leite uma delícia.

Quando começou a confiar em mim, Barbara foi se abrindo mais a respeito de sua infância e sua vida pessoal. Numa sessão ela me disse que amava e respeitava o pai, mas muitas vezes se sentia meio constrangida quando estava com ele. Lembrou-se de um sonho que tivera, no qual ele trazia um cavalo imenso para a casa dela, um cavalo tão grande que não cabia na casa. Embora não o compreendesse, o sonho dava-lhe ansiedade. Então exploramos a lembrança desse sonho, e ela recordou algo que a fez dar um grito e começar a chorar. Viu-se como uma criança de pouco mais de um ano e meio. A mãe estava no hospital, havia acabado de ter outro filho, e o pai deu-lhe banho e a massageou com óleo. Ela estava relaxada; gostava de ser tocada. Mas então sentiu algo entre as pernas, algo tão grande que não cabia, e ele a abraçou, mas ela estava atordoada, e doía, e ela se sentia como se estivesse caindo, e era meloso e pegajoso, ela queria dormir, queria que aquilo acabasse.

Por causa desse sonho, Barbara concluiu que o abuso que sofrera não havia começado com o padre, mas sim com seu pai. E que, pelo trauma, talvez estivesse emitindo sinais inconscientes desde que era bebê. Esses sinais alertavam outros predadores de que ela havia sido atacada, de que continuaria a agir como vítima e não reagiria se fosse molestada. E começou a entender por que o seu primeiro casamento havia sido tão violento e por que tivera tantos problemas no relacionamento sexual com o segundo marido, de quem acabara de se divorciar.

Barbara estava muito dividida diante do sexo. O prazer que ele pode proporcionar e seu papel numa relação amorosa eram subvertidos pela recordação dos abusos. Além disso, ela tinha muito pouca auto-estima devido às dificuldades que enfrentara na escola, a começar pela dispersão nas aulas, algo que estava relacionado ao abuso. Havia sido reprovada no primário e ficara um ano atrasada em relação aos antigos colegas. Na juventude, ainda adolescente, tivera problemas com o álcool: às vezes bebia demais, o que só piorava as coisas e diminuía ainda mais a auto-estima. Decidiu então tentar a experiência no limiar do nascimento como meio de compreender e enfrentar melhor a vida.

A princípio, teve problemas com os sinais ideomotores. Pedi-lhe que deixasse os dedos sobre os joelhos e pensasse: "Sim. *Sim.* SIM!" Devia pedir ao corpo que sinalizasse "sim" com um dos dedos — saberia que esse seria o dedo "sim" porque ele se revelaria a ela: podia latejar, ficar mais pesado, mais quente ou mais frio. Ou mais leve que os outros, mais fácil de mexer. Poderia inclusive mexer-se sem que ela sequer tentasse.

Isso a aborreceu. Disse que não gostava da idéia de não estar no controle. Isso não é raro entre as vítimas de abuso na infância, pois o que elas percebem é que entraram em fria quando não tinham como assumir o controle. Mas, mesmo assim, Barbara tentou — e ficou surpresa ao ver que um dos dedos, o indicador direito, se mexeu. Em seguida, pedi-lhe que pensasse: "Não. *Não*. NÃO!" e deixasse que um dos dedos se tornasse o dedo "não". Foi o indicador da mão esquerda. Por fim, pedi-lhe que descobrisse que dedo iria significar "não sei" ou "não quero lhe dizer ainda". Foi o polegar da mão esquerda.

Então pedi aos seus dedos que sinalizassem uma resposta a cada uma das seguintes perguntas: "Há algum problema em que Barbara volte a estar no útero agora?", "Ela pode fazê-lo com toda a segurança?" e "Você a ajudará a ter recordações úteis?" Como o indicador direito se mexeu após cada uma dessas perguntas, eu lhe pedi que se imaginasse no útero. Como seria? Depois que ela formou uma idéia, pedi-lhe que falasse a respeito e deixasse o dedo "sim" indicar o momento em que ela deixasse de usar a imaginação para passar à memória corporal ou celular. Ela disse: "É quente e escuro." Assim que disse essas palavras, o indicador direito se mexeu. Estávamos lá.

Prosseguimos até o nascimento, que seria normal se ela não dissesse várias vezes no decorrer do parto: "Não quero estar aqui. E acho que minha mãe também não quer que eu esteja. Não gosto do contato com as paredes" (da vagina). Quando percebeu que a cabeça havia saído, ficou chateada por não poder virar-se. Viu-se levada a uma incubadora e tinha a forte impressão de que não era querida. Disse: "Não gosto disso. Minha mãe não me quer. Ela vai tentar me matar!"

E então lembrou-se de uma cena que reprimira até então em todos os seus detalhes. Tinha quase dois anos de idade. O irmão, de três anos, e a mãe estavam com ela no seu quarto. Barbara estava no berço. Viu a mãe cobrir-lhe o rosto com um travesseiro e de repente sentiu falta de ar. Foi perdendo as forças até desmaiar. Enquanto relatava essa recordação, tentava retomar o fôlego e quase caiu da cadeira. Um minuto depois voltou a si. Estava muito agitada.

Disse-me que achava que a mãe sabia, ao menos em parte, do abuso que estava ocorrendo na família. (O pai, alcoólatra, havia agredido e molestado sexualmente não só a própria Barbara como todos os outros membros da família, inclusive a mulher.) E que sua forma de resolver o problema seria matar Barbara, o irmão e ela própria. Provavelmente era a única forma que tinha de sair dessa situação intolerável. Barbara ouviu a campainha tocar quando estava desmaiando e lembra-se vagamente de ter visto os avós ao recobrar a consciência.

Pedi-lhe que voltasse ao útero. Se chegássemos a um momento anterior, talvez encontrássemos algo que pudesse ajudar-nos. Barbara voltou no tempo e logo se viu num espaço vazio. Percebeu que estava recordando uma experiência fora do corpo, de um tempo anterior à concepção. Pedi-lhe que olhasse em torno e descrevesse o que via. Via uma Luz. "É Deus", disse ela. Ficou em silêncio e depois continuou: "Deus não me ama. Ele está me destinando a nascer filha de pais que querem me matar. Não quero fazer isso." Parecia perturbada. Então pedi a seus dedos que indicassem como deveríamos agir. Perguntei: "Devemos parar por aqui?" O dedo "não" se mexeu. Depois perguntei: "Podemos continuar? Valerá a pena, mesmo que Barbara fique perturbada com o que vir?" O dedo "sim" se mexeu. Pedi-lhe que falasse com Deus um pouco mais sobre o que estava acontecendo até que ela compreendesse melhor o significado daquela recordação.

Após uma pausa de uns dois minutos, ela disse: "Minha mãe precisa de mim, e Deus está me mostrando que posso ajudá-la. Ele acha que eu deveria nascer nessa família para ajudar a minha mãe. Posso levar-lhe um pouco de Luz. Ela está numa imensa escuridão. E posso ajudar minha irmã também. Ela está sofrendo tanto." Logo depois ela se acalmou, e o dedo "sim" começou a se mexer mais claramente. Fez uma pausa, e então disse que Deus lhe havia prometido dotá-la de um carisma especial, que contribuiria para ajudar outras vítimas de abuso. Ela lhes falaria e as ajudaria. Estava errada em pensar que não era amada por Deus. Não precisava controlar tudo em sua vida. Podia entregar parte desta a Deus e confiar que ele cuidaria dela.

Agora Bárbara havia chegado a uma nova compreensão de sua vida. Nascera numa família em que sofreria abusos, mas tinha recebido a força para resistir e sobreviver. Agora acreditava que a razão para aceitar a sua própria vida era o fato de poder ajudar outras pessoas. Então começou a chorar, dando livre curso às lágrimas.

> *Há mais coisas entre o céu e a terra, Horácio,*
> *Do que pode sonhar a sua vã filosofia.*
> — *Hamlet*, ato 1, cena V.

Quando parou de chorar, minutos depois, Barbara disse que sempre soubera, de alguma maneira, que ainda seria procurada por outras vítimas de abuso. E que elas o fariam porque sabiam que Barbara poderia ajudá-las. Foi importantíssimo para ela ter a confirmação de Deus quanto ao seu propósito na vida. Estava aliviada em pensar que seu sofrimento não era sinal de punição ou falta de amor de Deus, mas uma forma de permitir-lhe levar Luz à escuridão de outros sofredores.

Então resolveu procurar a irmã, que vive na Califórnia, e continuar sendo um apoio para ela.

Desde então, Barbara começou a amar-se mais. Ainda teve seus problemas e às vezes acordava sobressaltada, sem saber como os resolveria. Mas investiu numa carreira de que gostava e tornou-se uma empresária bem-sucedida. Sua vida já não era preenchida pelo medo e pela depressão. Tinha esperança. Entrou em contato com um escritório de aconselhamento na arquidiocese católica, contou-lhes o que havia acontecido quando ela estava no primário, e eles concordaram em pagar as sessões que ela tinha comigo. Sua vida mudou para melhor.

Ela estava indo muito bem, aproveitara da melhor forma possível sua experiência no limiar do nascimento e as sessões de aconselhamento em grupo e colocara sua vida nos eixos. Após três anos de terapia de grupo duas vezes por semana e sessões individuais uma vez por mês, dei-lhe alta. No ano seguinte, de vez em quando ela me telefonava para contar como estava indo ou aparecia no meu escritório, levando um café com leite, para bater um papinho rápido.

Mas um dia ligou perguntando se poderia marcar uma sessão. Estava tendo dores de cabeça terríveis. Nas seis semanas anteriores, a visão ficara tão precária que a impedia de dirigir, e ela estava tão desorientada que Carol teve de levá-la ao meu escritório. Dessa vez, não vieram rindo nem escutando música alta. Barbara chegou sofrendo muito, do ponto de vista físico e, consideravelmente, do emocional. Ela não sabia se as dores de cabeça estariam relacionadas à questão ainda não resolvida dos abusos sofridos na infância. Disse-lhe que era possível; que poderíamos verificar. Mas quando ela me contou a gravidade das cefaléias e sua interferência sobre a visão e a capacidade de somar e subtrair, pedi-lhe que fizesse alguns exames antes, para que pudéssemos descartar causas orgânicas antes de começar a trabalhar os aspectos psicológicos e emocionais.

Ela fez uma tomografia computadorizada e uma ressonância magnética. Os resultados não foram nada bons: havia dois tumores que cresciam rapidamente em seu cérebro, um do tamanho de uma bola de beisebol, e o outro, de uma noz. Imediatamente marcaram uma cirurgia. Os médicos retiraram boa parte do tumor maior, mas não puderam mexer no menor, que estava localizado mais dentro do cérebro. E então Barbara começou a fazer um tratamento combinado de radioterapia e quimioterapia. O cabelo caiu. Ela perdeu peso. Mas passou a sentir-se melhor quando os tumores começaram a regredir. As dores de cabeça desapareceram, e ela se sentia bem disposta — tanto que fez uma viagem de uma semana a San Francisco, sua cidade favorita, com Carol.

Porém as dores de cabeça voltaram. Os tumores, que não haviam sido inteiramente removidos, tinham voltado a crescer. Barbara insistia com os médicos para que dissessem quanto tempo lhe restava. Como eles relutavam em fazer uma estimativa, ela exigiu. Sempre preferira a verdade, para enfrentar o que quer que fosse. Os médicos disseram que, pela experiência que tinham com aquele tipo de câncer, acreditavam que ela provavelmente viveria mais seis meses.

Os cinco meses seguintes foram impressionantes. Naquela época, Barbara estava divorciada do segundo marido, como já disse, e vivia só. Não podia cuidar sozinha de si depois da cirurgia, enquanto fazia a radioterapia e a quimioterapia, então Carol convidou-a para ficar no quarto de hóspedes de sua casa. Barbara foi.

Naqueles meses Barbara foi cercada por demonstrações de amor. Os amigos surgiram como anjos que vinham do Céu. Eram do AA, onde ela havia começado a tratar o alcoolismo doze anos antes. Eram do grupo que eu aconselhara. Eram do bairro em que ela morava. A irmã veio da Califórnia para vê-la.

Essas pessoas criaram um "time" que chamaram de Equipe Classe A: um grupo de nove mulheres que faziam revezamento para que sempre, dia e noite, houvesse pelo menos duas na casa, fazendo companhia a Barbara. Elas se transformaram em suas enfermeiras, suas irmãs e suas cozinheiras. Liam histórias e versos da Bíblia para ela, cantavam, conversavam, seguravam sua mão, acariciavam-lhe os cabelos, riam e choravam com ela, brigavam com ela, davam amor a ela. Deixavam de ir ao trabalho, de dormir em sua própria casa, para ficar a seu lado. Traziam ervas e comida natural, faziam sucos. A casa se encheu de amor. Nunca vi nada parecido.

Um dia em que fui até lá saber como estava Barbara, disse a algumas de suas amigas que estava muito impressionado com o quanto elas eram capazes de dar.

A resposta delas foi: "Você está enganado! Ela é que nos deu." Cada uma tinha uma história a contar, mostrando o papel-chave de Barbara: ela as ajudara a vencer o álcool e as drogas, ficando ao lado delas nas horas mais difíceis para que conseguissem chegar lá. Fora sempre oportuna, telefonando, convidando para um café, criticando e elogiando nas horas certas. Expressaram a sua gratidão em palavras como: "Nunca conseguirei retribuir tudo o que ela fez por mim."

Ela havia percebido quando uma das vítimas de abuso estava pensando em suicidar-se e soubera sempre como e quando interferir. O que disseram poderia ser sintetizado em: "Deus lhe deu o dom de ajudar os que sofrem, os que não podem vencer sozinhos. Quando as coisas ficam pretas, ela traz a Luz. Sua presença faz uma grande diferença."

Nos últimos três dias de vida de Barbara, a Equipe Classe A esteve com ela em todos os momentos, revezando-se à sua cabeceira. Uma noite, três delas tiveram visões de Barbara andando pelo corredor e trazendo-lhes mensagens tranqüilizadoras. Embora soubessem que Barbara estava em coma e não poderia ter feito isso, elas insistem na realidade de sua presença. Juntas cantaram hinos religiosos e canções de amor. A atmosfera lá era tão carregada de amor que era impossível não perceber. Havia meses que Barbara estava em seu quarto, na casa de Carol, ao lado de seus objetos pessoais — fotografias de seu cachorro e das pessoas que amava. Ela havia dado o animal a uma pessoa amiga quando soubera que estava morrendo e não poderia mais cuidar dele. Isso quase lhe cortou o coração.

Na parede do quarto havia também uma cópia da oração da serenidade: "Deus me dê serenidade para aceitar as coisas que não posso mudar, coragem para mudar as coisas que posso e sabedoria para perceber a diferença." A Equipe Classe A sempre deixava uma vela acesa no quarto, iluminando a parede.

Quando ela morreu, fui eu o ministro que conduziu a cerimônia do seu funeral. Várias pessoas deram seu adeus a Barbara falando sobre ela. A irmã relatou como tinha podido contar com ela nas horas de maior aflição e sofrimento, o que a ajudara a superar a depressão e criar coragem para ir em frente. As amigas da Equipe Classe A falaram de sua capacidade de dizer a Verdade com amor, de questionar com vigor, mas também de sempre aceitar as pessoas como são. A cerimônia foi, enfim, um testemunho muito tocante da vida de Barbara. Carol, que havia comprado o túmulo para ela, permaneceu ao lado da sepultura até que os coveiros viessem fechá-la. Mesmo depois disso, Carol continuou ali até que começou a chover. Em sua tristeza, disse-me: "Parece que o mundo inteiro chora, não é?"

Pensei na experiência no limiar do nascimento de Barbara, quando Deus dissera que lhe daria um dom especial, para que pudesse ajudar os que sofriam, se quisesse nascer num lar como o dela. Ela ajudaria a irmã e muita gente mais. Eu me perguntava — e ainda me pergunto — se não era isso o que dava sentido à vida dela, se o sofrimento não era o seu meio de amar os outros e a razão para ela estar sempre cercada de amor, um amor que ficou ainda mais visível nos seus últimos meses de vida. Pensei em todas as pessoas a quem ela havia levado a Luz: a Equipe Classe A, os vizinhos e eu.

Pensei em Victor Frankl e sua afirmação de que existem três meios para encontrar sentido na vida: amor, trabalho e sofrimento.[1] Pensei em Elie Wiesel e o profundo sofrimento que suportou[2] e perguntei-me se esse sofrimento não faria parte de sua grandeza, se não seria parte da razão para ele ter tocado a vida de tanta gente e tido tanta coragem e integridade. Lembrei-me de uma frase que havia me impressionado, muitos anos antes, mas não consegui lembrar-me de quem a dissera: "Não conheço ninguém que tenha crescido ou aprendido alguma coisa sobre o sentido da vida sem que o sofrimento tenha sido, de alguma forma, o estímulo para isso." Perguntei-me se Barbara teria conseguido tornar-se a pessoa iluminada que foi se não tivesse também suportado a dor.

Isso não quer dizer que eu goste de sofrer. Se tivesse escolha, seria o primeiro a recusá-lo. Carol ainda sofre pela morte de Barbara e tem sentido muito a sua falta nesses dois anos. Elas eram almas gêmeas, e agora Carol acha que falta uma parte da sua. Era Barbara que lhe trazia a Luz, e a escuridão parece agora ainda maior sem ela. De vez em quando, ela vai ao quarto de hóspedes e deita-se na cama que era de Barbara, sentindo a dor, o amor e a Luz.

Mais ou menos uma semana antes de sua morte, Barbara conversou a sós comigo. Estava lúcida, e a dor havia cedido temporariamente. Ela disse que lamentava o fato de ter de morrer, pois a vida fora dura, mas também tão boa. Sentia por ter de partir tão prontamente e sabia que seria difícil para Carol depois que ela se fosse. Fez uma pausa; os olhos encheram-se d'água. Agradeceu-me e disse: "Estou pronta para ver Deus novamente." Notei que ela disse "novamente".

Uma semana depois ela morreu.

A oportunidade de participar da vida de Barbara e também de sua morte foi para mim um grande privilégio. Ela permitiu que eu vislumbrasse um mundo de sofrimento, até mesmo o de uma criança vítima de abuso. Mas também convidou-me a um mundo de amor, amor que ela compartilhava com outras vítimas, pessoas que se tornaram como uma família para ela, pois haviam se curado e encontrado afinal um sentido na vida.

Ainda não sei bem como interpretar a experiência de algumas de suas amigas, as que a viram andar no corredor, quando todos sabíamos que ela estava em coma, impossibilitada de levantar-se. A Equipe Classe A aceitou isso como real. E há também outra coisa, ocorrida mais ou menos um mês depois da cirurgia de Barbara, que me faz pensar.

Ela estava no meu escritório, com Carol, e sentia-se muito otimista: "Acho que vou vencer isso tudo." Estava usando um boné para proteger a cabeça calva e parecia ter toda a energia do mundo. Então, de uma hora para outra, uma das luzes fluorescentes do teto — a lâmpada, o suporte, tudo — caiu com estrondo. Por pouco não caiu em cima de Barbara — e, se tivesse caído, poderia tê-la matado. Naquele mesmo instante, eu pensei comigo mesmo: "Acho que ela não vai conseguir." Era como se presenciássemos seu mundo desabando em cima dela.

Mas, depois de verificarmos que ninguém tinha se ferido, ela disse: "Estão vendo? Isso é uma prova. Eu estou sempre por um triz, e sempre escapo de tudo!"

Quando o pessoal da manutenção veio consertar o estrago e prender novamente a lâmpada, ficou espantado de ver que aquilo havia despencado. Estava bem preso por parafusos fortes no teto havia anos, tendo resistido até a um terremoto que sacudira o prédio anos antes. Perguntei-me — e ainda me pergunto — se foi só uma coincidência ou era uma espécie de presságio, uma mensagem avisando que a vida de Barbara corria perigo, que ela não estava em segurança, que o câncer poderia fazer seu mundo cair sobre ela.

Naturalmente, jamais saberemos. Mas estou começando a aceitar a verdade de certas coisas, mesmo que elas não possam ser provadas empírica ou cientificamente. C. G. Jung chamou isso de "sincronicidade", fatos que, apesar de não terem relação causal, indicam uma verdade importante. O mundo do espírito fica cada vez mais real e direto à medida que eu avanço neste trabalho. Minha relação com pessoas como Barbara e a Equipe Classe A contribuiu muito para confirmar convicções e experiências que desafiam a realidade consensual.

CAPÍTULO NOVE

※

A Luz e a Voz no Rádio

Quando se tratava da importante questão de escolher um local sagrado para erigir um novo templo, a opinião do mulá Nasrudin sempre era muito considerada. Ele explorava áreas imensas e então, na hora e no local certos, jogava uma pedra no ar. Onde ela caísse é que deveria ser construído o templo. Os templos feitos em lugares assim escolhidos logo se tornavam santuários que atraíam milhares de peregrinos. Isso era atribuído à habilidade do mulá para identificar um local sagrado e adequado a um templo. Porém, quando as pessoas o elogiavam por esse dom, ele simplesmente ria.

"Mulá, mas por que está rindo?", perguntavam os discípulos desnorteados. Até que um dia ele contou a eles o seu segredo: "Os que me admiram por isso não sabem que a pedra pode cair em qualquer lugar, e que esse lugar será sagrado, pois Deus vive em toda parte. Todo lugar é sagrado!"

A experiência no limiar do nascimento compartilha o segredo do mulá Nasrudin: Deus habita em toda parte. Todo lugar é sagrado. Certamente, não há nada de errado em venerar um lugar erigindo nele um templo e fazendo peregrinações até lá! Da mesma forma, o corpo de cada um de nós é o mais importante de todos os templos. Cada corpo é um local sagrado em que Deus habita. Com a experiência no limiar do nascimento, podemos fazer uma peregrinação ao centro desse templo pessoal e vivenciar o sagrado. No meu trabalho com as pessoas, já vi isso acontecer muitas vezes. Mas também já o vivenciei em mim mesmo.

Nos primeiros seis meses em que orientei pessoas no processo da experiência no limiar do nascimento, eu vi, ouvi e senti o que elas viviam ao relatar suas recordações da estada com Deus antes de vir a esta vida. Notei que esses encontros com Deus muitas vezes começavam como uma recordação de um momento anterior ao nascimento e que, em seguida, as pessoas falavam da presença de uma Luz na sala — não mais uma recordação, mas uma experiência no presente. A partir daí, conseguiam falar com a Luz e obter respostas. Esse processo me fascinava. Mas eu também tinha curiosidade de saber se essas experiências eram reais. Quando as pessoas diziam que estavam com Deus, o que estava acontecendo? Como é que elas se *sentiam*? Que impacto esse tipo de experiência teria em minha vida se eu conseguisse fazer essa peregrinação? Para satisfazer a curiosidade, procurei Aerial Long, uma amiga e conselheira que estivera no *workshop* do dr. Cheek em Menlo Park, em 1991, e ali aprendera o processo da experiência no limiar do nascimento. Eu já conhecia o trabalho de Aerial como cliente e sabia que ela estava interessada principalmente em ajudar as pessoas a encontrar seu centro espiritual. Confiei-lhe a minha própria busca.

Tivemos várias sessões. Na primeira, Aerial ajudou-me a regredir ao útero e daí a um momento anterior a esta vida. Vi-me então flutuando acima do corpo da minha mãe. Minha relação com ela parecia ser muito forte, como se já existisse há muitas vidas. Eu tinha a impressão de a estar escolhendo para ser minha mãe nesta vida. Depois tive algumas importantes introvisões acerca da natureza de minha relação com ela, as quais pareciam provenientes de recordações de muitas vidas. Essas introvisões revelaram-se muito úteis. Lamento que os detalhes sejam demasiado pessoais e que divulgá-los aqui seja uma invasão da privacidade da minha mãe. Porém, depois daquela sessão, eu passei a compreender melhor não só a ela como também o nosso relacionamento, que vem florescendo ao longo dos últimos anos de uma forma muito gratificante para mim.

Embora essa sessão de regressão com Aerial tenha sido interessante e útil, parecia-me semelhante a minhas experiências anteriores de "imagens guiadas", uma técnica segundo a qual recorremos à imaginação para lidar com problemas difíceis na vida. Era como se as imagens tivessem vindo da minha imaginação, e não da minha memória. Mas eu não tinha certeza. Talvez viessem da memória, talvez não.

Numa segunda sessão, vi cenas do que parecia ser uma vida passada. Elas eram ao mesmo tempo muito vívidas e muito oníricas, ficando na faixa daquilo que minha imaginação poderia ter criado. Vi-me queimado na fogueira como herege no século XVI. Aquilo para mim fazia sentido assim como um sonho faz sentido. Afinal de contas, tendo desafiado as convenções mais de uma vez na vida, a questão da heresia não me era propriamente estranha. Sei que os sonhos costumam apresentar-nos temas psicologicamente relevantes dessa forma, mas são temas simbólicos, e não recordações de uma experiência real.

Em meus anos como pastor de paróquia, houve ocasiões em que fui acusado de desviar-me da ortodoxia nos meus sermões. Certa vez o bispo convidou-me para tomar café. Diante de um prato de ovos mexidos e torradas, ele me contou que um dos membros da minha congregação o havia procurado para falar de um sermão meu, em que eu dissera que não via razão para converter uma pessoa cuja vida espiritual já permitisse uma relação com Deus. E frisei particularmente o quanto estava aprendendo com alguns rabinos que faziam parte de um grupo de discussão judaico-católico de que eu participava regularmente. Disse à congregação que achava arrogância pensar que os rabinos deveriam converter-se ao cristianismo.

Tanto o bispo quanto o homem que foi queixar-se a ele estavam preocupados. Essa pregação poderia comprometer o trabalho de evangelização. O bispo sugeriu-me que não fosse tão liberal, principalmente ao promover a visão de que os "não batizados" não precisavam de conversão. Ele não me ameaçou nem sugeriu que eu fosse queimado na fogueira como herege, mas disse que eu deveria pensar em reconsiderar a minha teologia e que seria sábio de minha parte ater-me à doutrina luterana. Se eu descobrisse que não podia acatar a doutrina, talvez fosse melhor pensar em algum ministério em que não tivesse de fazer sermões.

O encontro com o bispo me fez lembrar de um outro momento em minha vida em que me vi diante da questão da heresia. Foi quando decidi me casar com Gail. Naquela época eu era membro da Igreja católica romana, e ela era luterana. Resolvemos nos casar na Igreja luterana. Em 1963, a Igreja católica pregava que quem fosse batizado no catolicismo seria excomungado como herege se se casasse fora da Igreja. O padre da minha paróquia proibiu meus pais e minha família de comparecer ao meu casamento porque nos incentivar seria condenar-me ao inferno. Essa era a moral da história, e fez-nos sofrer muito na época.

Portanto, as cenas da regressão eram muito como as de um sonho — vívidas e relevantes em termos de minha vida, mas não necessariamente recordações de alguma vida passada. Poderiam muito bem ser imagens derivadas do meu inconsciente que simbolizassem os conflitos que eu vivera. Porém as impressões eram inesquecíveis. O cheiro da fumaça que me sufocou até que eu desmaiasse e morresse antes de meu corpo ser atingido pelas chamas; o tamanho dos tremendos cavalos que os meus captores montavam; minha submissão às autoridades, em vez de lutar quando fui preso e executado.

Todas essas impressões, incluindo os detalhes das casas de pedra marrom colocadas em ambos os lados de ruas que pareciam ser de alguma cidade no interior da França, deixaram em mim marcas indeléveis. Mas mesmo assim eu pensava que elas eram criações do meu inconsciente, e não recordações.

Terminava minhas sessões com Aerial achando que algo importante acontecera, mas não estava convencido da veracidade da regressão no tempo. Não havia acontecido nada que me convencesse de que a experiência no limiar do nascimento de fato contribuía para que as pessoas encontrassem Deus. Ainda me perguntava se os relatos que as pessoas faziam desses encontros não eram simples produtos da imaginação ou alucinações. Mas aí tivemos uma sessão que mudou tudo.

Assim que a sessão começou, antes até de entrarmos no processo de regressão em si, eu disse a Aerial que queria encontrar Deus naquele dia. Ela concordou que aquele seria o nosso objetivo. Então, olhando a sala, percebi uma planta bem grande atrás da mesa de Aerial. Já a tinha visto muitas vezes, mas agora ela parecia irradiar ondas de calor, como o asfalto em dias muito quentes. Observava, fascinado, o ar se dissolver na minha frente. Até que o meu indicador direito, que era o meu dedo "sim", começou a tremer.

Enquanto eu estava ali parado, observando, surgiu uma luz amarela, como a cor de uma lua cheia. Essa luz foi ficando cada vez mais clara até tornar-se brilhante como a do sol. Entretanto, eu podia olhá-la diretamente sem o menor desconforto, até mesmo com os olhos bem abertos. Estava inteiramente consciente; não tínhamos usado nenhum tipo de hipnose nem imagens dirigidas. Na verdade, a sessão ainda nem havia começado direito. Eu não estava sonhando. Aquilo estava acontecendo, acontecendo mesmo! Era a coisa mais espantosa que eu já tinha visto, mas, ao mesmo tempo, tão real quanto tudo o que eu já tinha vivido. Mas o que era aquilo?

Enquanto observava, pensei: *meu irmão*. Meu irmão, Tom, havia acabado de submeter-se a uma cirurgia de câncer na garganta. A idéia foi ganhando força. Então perguntei: "Você é meu irmão?" No fundo eu não achava que aquela Luz fosse Tom e sentia-me um tanto constrangido, como se estivesse numa "pegadinha". Mas a idéia tinha tanta força: *meu irmão*. Resolvi fazer a pergunta em voz alta. No instante em que tomei essa decisão, a Luz reagiu brilhando ainda mais intensamente. Interpretei isso como um "sim". Mas quando perguntei: "Quer dizer, você é Tom?", a luz tornou-se mais fraca. Não. Como poderia ser? Só tenho um irmão, Tom.

Então de repente ouvi a canção: "Jesus, nosso irmão, generoso e bom, nasceu numa humilde manjedoura." Quer dizer, não a *ouvi* propriamente, como se fosse tocada ou cantada no mundo real, físico e concreto, mas era como se a ouvisse na minha própria cabeça. Aí percebi quem era aquela Luz. Fui tomado de emoção, misturando amor, temor, tristeza, alívio e alegria. As lágrimas começaram a escorrer pelo meu rosto.

Perguntei: "O que deseja que eu faça de minha vida? Quero saber." Ele respondeu: "Você quer saber tanta coisa, mas às vezes saber é *negar*. E eu cheguei à conclusão de que se deve *aceitar*." Percebi que aquilo só poderia ser um jogo entre as palavras "negar" e "aceitar", entre "não" e "sim". Interpretei sua afirmação da seguinte maneira: a questão não é o conhecimento, mas o amor, que afirma e aceita, dizendo "sim" ao que é. Saber muitas vezes é negar, dizer "não" a quem pensa de outra forma.

Por um rápido instante, talvez menos de dois segundos, ele apareceu sob a forma de um jovem, de roupa marrom e sandálias. Fiquei impressionado com sua expressão de bem-aventurança. E então ele voltou a metamorfosear-se em Luz Brilhante. Disse várias coisas, até mesmo que queria estabelecer comigo uma relação direta e prolongada e que estava feliz por eu ter finalmente aberto o coração. Eu era ministro da Igreja luterana havia mais de vinte anos e não fazia a mínima idéia de que meu coração não estivesse aberto, e chorei de tristeza, alívio e alegria.

Depois desse encontro, fiquei emocionalmente esgotado, mas também cheio de energia. Estava dividido. Pensava: "Acabo de ter um encontro com Deus!", e, ao mesmo tempo, questionava a realidade de minha própria experiência. Acreditava, de todo o coração, que aquilo realmente era a presença de Deus. E, no entanto, o meu intelecto duvidava. Aquilo não seria a minha imaginação? Será que, de tanto desejar que acontecesse, não tinha simplesmente alucinado? Para responder a essa pergunta, pedi uma prova de que era tudo verdade, que estava realmente acontecendo.

Ele me indagou sobre o que poderia convencer-me, já que o que eu acabara de viver não o conseguira. O que poderia ser mais verdadeiro do que vê-lo e falar-lhe? O que poderia ser mais verdadeiro do que os profundos sentimentos que eu agora trazia no coração, sentimentos que haviam sido despertados pela sua presença?

Eu tinha visto recentemente o filme *Oh, meu Deus*, com John Denver e George Burns. Numa das cenas, John Denver pede a Deus que lhe prove que realmente era Ele quem estava por trás das coisas estranhas que estavam acontecendo; que aquilo não era simplesmente mais uma brincadeira do seu amigo Artie. Deus, que estava falando com ele pelo rádio, perguntou então: "Isto está bom para você?" — e aí começou a chover dentro do carro, mas fora estava o maior sol. Aquilo finalmente convenceu John. Então eu disse: "Faça algo assim para que eu saiba, e eu prometo que não duvidarei mais. Faça chover no meu carro ou fale comigo pelo rádio, senão eu vou começar a pensar que estou ficando louco e que você é uma alucinação."

Na hora de ir para casa, começou a escurecer. Juntaram-se grandes nuvens negras, de chuva. Em Seattle chove muito no inverno, mas não é comum ver nuvens escuras como aquelas. Quando cheguei em casa, faltou luz. Acendi uma vela. Quando Gail chegou e entrou no quarto para trocar de roupa, a luz ainda não tinha voltado. Levei a vela para o quarto e disse-lhe que tivera uma experiência muito estranha naquela tarde. Após um instante de hesitação, disse a ela que achava que tinha estado com Deus, mas ainda não era hora de falar a respeito. Ela me olhou como se não estivesse entendendo, mas não disse nada. E então a luz voltou por um segundo, o bastante para que se ouvisse no rádio do quarto: "Jerry!"

Perguntei a Gail se ela tinha escutado, e ela respondeu: "O rádio disse 'Jerry'." Ela não viu nada de anormal, a não ser pelo fato de que o rádio estava desligado quando a luz faltou. Para ela, talvez estivessem falando de produtos geriátricos ou algo assim, e nós só escutamos parte da palavra. Para ela, não queria dizer nada. Mas eu fiquei convencido!

Naquele instante minha vida mudou muito. Comecei a crer, em um novo plano, em coisas que sempre dissera acreditar — e que achava que acreditava — mas na verdade não acreditava até que as vivi por mim mesmo. Quando os outros sentiam a presença de Deus em suas experiências no limiar do nascimento, eu agia como se aquilo estivesse ocorrendo de fato — mas, para ser inteiramente honesto, sempre duvidara. Acreditara a vida toda que Deus podia estar presente neste mundo, mas nunca que pudesse ser assim. Aquela experiência me trouxe uma nova forma de compreender a vida: *Deus é Deus*. É uma afirmação simples, mas, se for verdadeira, muda tudo. E eu comecei a considerá-la verdadeira.

Eu teria de dizer que, a longo prazo, isso representou para mim uma mudança para melhor. Mas agora, olhando para trás, percebo que fiquei estranho por algum tempo. Comecei a usar um crucifixo no pescoço e tocava-o freqüentemente para lembrar que Deus estava presente neste mundo. Às vezes via a aura das pessoas, principalmente quando estavam diante de paredes nuas — aí eu via ondas de luz, como halos, em torno de suas cabeças e ombros. Quando fechava os olhos, mesmo de noite, num quarto escuro, quando queria dormir, via uma luz brilhante dentro da minha cabeça. A luz não me impedia de dormir; era muito reconfortante.

Passaram-se mais ou menos seis meses até que eu voltasse ao estado que hoje chamo de "normal". Aprendi a não falar sobre o que estava sentindo ou pensando, pois via que essas conversas não me levavam a nada. Entretanto, logo depois de meu encontro com a Luz, decidi começar a escrever este livro.

Lições do Passado

A experiência no limiar do nascimento continua sendo uma das coisas mais importantes de minha vida, como sempre foi por muitos anos. Continuo estudando suas implicações e suas relações com as experiências que vêm sendo relatadas há milênios. Os estudiosos da filosofia e da teologia, sejam antigas ou contemporâneas, falam de outras realidades, realidades que, embora não sejam perceptíveis aos cinco sentidos, têm grande impacto sobre a nossa vida. O cristianismo celta, por exemplo, tem o conceito de "espaços tênues", que permitem a passagem da realidade do mundo físico à realidade do reino espiritual. Acho que é isso que faz a experiência no limiar do nascimento. Ela nos leva a esses espaços tênues — espaços que nos permitem uma transição a recordações há muito esquecidas ou ao reino do inconsciente; espaços que nos conduzem ao que temos de mais íntimo, ao âmago do nosso próprio ser.

Viver a presença de Deus foi para mim a parte mais importante da experiência no limiar do nascimento, embora todos os demais aspectos tenham tido a sua importância. Minha experiência ou recordação da morte na fogueira como herege ajudou-me a entender e aceitar o medo de dizer coisas nesta vida que não se enquadram nos ensinamentos ortodoxos da Igreja. Creio que sem essa recordação teria tido receio de escrever este livro, já que certas coisas que digo aqui são tudo menos ortodoxas.

E quando vi as cenas de minha regressão ao século XVI, aconteceu outra coisa. Fiquei bravo comigo mesmo pela passividade que tive naquela vida. Mantive-me calado ao ser preso e conduzido à fogueira onde fui executado. Por causa dessa recordação, jurei que teria uma voz nesta vida, mesmo que nem sempre aceitem a minha realidade como verdadeira. Este é um país livre; todos têm o direito de ser quem são e de dizer o que julgam ser verdade. Sem dúvida, esse é um tema muito importante para mim nesta vida.

Além disso, percebo como foi bom para mim ver-me escolhendo a minha família nesta vida e reconhecendo a força da ligação que tenho com a minha mãe. Alguns dos problemas que tivemos quando eu era jovem ficaram muito mais fáceis de compreender e solucionar, pois de alguma maneira eu sabia o que ela estava pensando e sentindo quando a via de cima, antes de entrar em seu corpo e tornar-me seu filho nesta vida.[1]

Um dos aspectos mais benéficos da experiência no limiar do nascimento foi o fato de ajudar-me a compreender o poder do encontro com o sagrado. Comecei a entender por que tanta gente na Idade Média dedicava a vida e o dinheiro à construção de catedrais que na maioria das vezes demoravam várias gerações até ficarem prontas. Alguém, talvez muita gente, havia estado com Deus e queria render uma homenagem a esse encontro. Consegui entender por que certas sociedades pensavam que o sol era Deus e o adoravam. Elas tinham visto a Luz — uma Luz que se parece tanto com o sol. Comecei a entender por que o sacerdote, xamã ou líder espiritual era o responsável pela orientação e pela cura nas primeiras sociedades e por que os profetas, como Moisés, tiveram a coragem de enfrentar poderosos como os faraós. Esse tipo de coragem e convicção deve ter sido decorrência de uma experiência direta de Deus.

Quando reflito sobre o meu encontro com a Luz, o que me impressiona é a mensagem de que Deus chegou à conclusão de que se deve "*aceitar*". Para mim, essa mensagem quer dizer que devemos deixar de lado os nossos julgamentos sobre as pessoas. O amor transcende o certo e o errado.

A recordação do encontro com Deus antes do nascimento e a sensação de sua presença entre nós agora proporcionaram-me algo que eu buscava desde a juventude. A experiência no limiar do nascimento, para mim e para muita gente, é uma experiência de amor, de busca de um sentido na vida. Ela traz não apenas a sensação de bem-estar íntimo, mas também a coragem de ser fiel àquilo que é verdade para a nossa alma. Ela nos fornece o contexto para algo que Nelson Mandela compartilhou conosco no dia de sua posse:

> [...] nascemos para manifestar a glória de Deus que existe dentro de nós. A glória que está não só em alguns, mas em todos.

CAPÍTULO DEZ

O Sanduíche de Queijo

Todo dia, no trabalho, o mulá Nasrudin ficava desesperado no intervalo do almoço. Toda vez que abria o seu farnel, encontrava um sanduíche de queijo. Dia após dia, semana após semana, sempre a mesma coisa — um sanduíche de queijo. Apesar de ter gostado da opção na primeira semana, mudara de opinião agora.

"Estou ficando cheio dessa porcaria de sanduíche de queijo", queixava-se repetidas vezes o mulá. Os colegas sugeriram: "Mulá, não precisa ficar sofrendo por causa de um sanduíche de queijo. Diga a sua mulher que faça outra coisa. Fale com firmeza, se for preciso."

"Mas eu não sou casado", disse o mulá. Diante disso, os aturdidos colegas perguntaram: "Então quem faz os seus sanduíches?"

"Eu, ora essa!", respondeu o mulá.[1]

São muitas as mensagens da experiência no limiar do nascimento. Para a maioria das pessoas, essas mensagens giram em torno de um único tema: que o sentido da nossa vida está relacionado a Deus, ao amor e à nossa alma. Aprendemos que o valor de cada ser humano é infinito. Todos temos a mesma centelha de divindade; todos somos filhos de Deus. Outra mensagem é que, estando hesitantes entre o dinheiro e Deus, devemos sempre escolher Deus. Se pudermos escolher entre o perdão e o ressentimento, devemos escolher o perdão. Se houver escolha entre corpo e alma, escolha a alma. Mas há também um aspecto prático por trás de todos esses ensinamentos — e ele é ilustrado pela história do mulá Nasrudin.

Essa história diz que, já que nós mesmos preparamos o nosso almoço, devemos ter iniciativa para mudar o cardápio. Se somos nós que decidimos a nossa vida, deve ser fácil viver como queremos. Conhecendo o sentido da vida, podemos fazer as opções certas, que nos permitirão viver de forma confortável e gratificante.

Se fosse tão fácil assim, estaríamos todos vivendo a vida exatamente do jeito que queremos, ou achamos que queremos. Não haveria necessidade de pensar mais no assunto nem necessidade de fazer este livro. Só que não é tão fácil assim — mesmo quando lembramos quem somos, mesmo quando lembramos nosso encontro com Deus antes desta vida. Relembremos as palavras de São Paulo:[2]

> Não entendo o que faço. Pois o que quero fazer não faço, mas sim o que odeio fazer.

Esse é o dilema do ser humano. Muitas vezes as necessidades do corpo sobrepujam as necessidades da alma, mesmo que lembremos quem somos. Isso pode ser visto em várias situações: na pessoa que faz dieta e se vê diante de um chocolate, no pai ou mãe que perde a paciência com o filho teimoso, no ex-presidente Clinton tentado por uma estagiária da Casa Branca e no soldado que encara o inimigo. Às vezes as necessidades do corpo são tão pujantes que nem temos liberdade para agir como queremos e ser quem somos. Todos já passamos em algum momento pelo mesmo tipo de dilema que Mark conta na história a seguir. E depois nos arrependemos da forma como agimos.

Mark e o Ladrão

Mark e sua mulher foram a uma festa de ano novo que ia durar até a madrugada. Mas, por volta das 23 horas o alarme da casa deles disparou. A empresa que instalara o sistema de segurança da casa chamou a polícia e depois telefonou para o celular de Mark contando o que ocorrera. Aparentemente alguém havia entrado pela porta da frente. Disseram-lhe que a polícia estava a caminho e sugeriram que ele não voltasse para casa até que a polícia fizesse as investigações.

A festa era bem perto da casa deles. Então Mark e a mulher, apesar da advertência da empresa, resolveram ir até lá ver o que estava acontecendo. Como não havia nada de anormal, eles pensaram que tivesse sido um alarme falso. Não sabiam se a polícia ainda não havia chegado ou se já tinha ido embora. Esperaram um pouco e resolveram verificar a porta da frente. Estava trancada, o que os fez ter certeza de que fora mesmo alarme falso. Entraram e perceberam que havia alguma coisa diferente, embora não soubessem exatamente o quê.

Quando entraram no corredor que dava para o quarto de dormir, um homem armado saltou de repente, gritando, na frente deles. Colocou uma pistola na cabeça de Mark e disse: "Sumam daqui senão eu vou meter uma bala na sua cabeça!"

Com o susto, Mark ficou paralisado. Durante segundos que pareceram uma eternidade, ele ficou ali no corredor, com uma pistola apontada para a sua cabeça, parado diante do ladrão. Este aparentemente interpretou a sua incapacidade de se mexer como desobediência ou hostilidade — e puxou o gatilho.

Clique.

No instante em que ouviu o clique e percebeu que a pistola falhara, Mark correu para um quarto adjacente. Trancou a porta e se jogou no chão, de forma que, se o ladrão atirasse, a bala não o atingiria.

Então lembrou-se da mulher, que estava logo atrás dele no corredor e agora estava sozinha com o intruso. Ele a havia deixado à mercê do mal, na "linha de fogo", frase que aprendera quando servira o exército e que agora o chocava pela consciência de que a havia desertado, falhando em sua obrigação, fugindo por covardia e abandonando a mulher sem nada que a protegesse.

No momento em que o choque dessa percepção o fez levantar-se e dirigir-se até a porta, ouviu a mulher gritar. O ladrão a empurrara e correra para a porta da frente, bem na hora em que a polícia estava chegando e o prendeu. Mark e a mulher agora estavam a salvo — mas não se pode dizer o mesmo do seu casamento.

Ele viu depois que o revólver usado fora o seu. Mantinha-o, descarregado, na gaveta do criado-mudo. As balas ficavam em outra gaveta, no outro criado-mudo. O ladrão encontrara o revólver, mas não sabia que não estava carregado. O "clique" não fora uma falha, mas apenas o som provocado pela tentativa de disparo com o tambor vazio.

***

O que aconteceu com Mark poderia ter acontecido com qualquer um. Ou, para ser mais exato, a *reação* de Mark ao que aconteceu é uma reação programada no ser humano. Quando estamos em perigo, o instinto de autopreservação fala mais alto. O corpo busca sempre evitar a dor, resistir à morte, sobreviver. Uma mãe pode entrar numa casa em chamas para salvar seu bebê, um soldado pode se jogar sobre uma granada para salvar seus companheiros, mas isso requer a capacidade de superar o primeiro impulso do corpo — sobreviver.

O instinto de autopreservação muitas vezes entra em conflito com a alma. O corpo importa-se com o que possa nos acontecer e tenta evitar a dor. Ele quer sobreviver o maior tempo possível. Mas a alma é eterna e sobreviverá a esta vida. Ela não se importa tanto com o que nos acontece, mas sim com *a forma como reagimos* ao que nos acontece. Ela quer viver no amor, que lhe importa mais que evitar a dor ou a morte.

Às vezes a alma e o corpo entram em conflito, mesmo quando a questão não é a sobrevivência ou a dor. Por exemplo, o corpo vê o sexo como uma experiência agradável, às vezes como uma necessidade. Quando se vê alguém sexualmente atraente, a reação do corpo pode ser o desejo de ter uma experiência sexual agradável com aquela pessoa.

Mas a alma leva outras coisas em consideração. O amor, por exemplo. Não apenas se eu amo aquela pessoa sexualmente atraente, mas também se uma relação sexual com ela irá machucar outrem — minha mulher, por exemplo.

Esse conflito pode intensificar-se de modo considerável. Muitos romances e peças teatrais tratam do dilema de alguém nessa situação. Esse conflito também já foi assunto de manchetes de jornais e outros veículos da mídia, que se concentram geralmente no comportamento sexual de celebridades ou figuras políticas que optam pelo prazer do corpo, em vez dos desejos da alma.[3]

O conflito entre o corpo e a alma envolve muitas vezes dinheiro ou sexo, pois o corpo se gratifica com ambos. Eles proporcionam uma maior chance de sobrevivência, e a necessidade do corpo é sobreviver. Mas a vida do espírito está em conflito com esses valores. Os líderes espirituais, como Jesus, Gandhi, Madre Teresa, São Francisco de Assis, Buda e outros, tendem a renunciar tanto ao dinheiro quanto ao sexo, às vezes fazendo votos de pobreza e castidade. "Não se pode servir a Deus e ao dinheiro", diz Jesus. Esse conflito é ilustrado na seguinte história:

O Comerciante de Santorini

A difícil opção entre Deus e o dinheiro não muda só as pessoas, mas também sociedades inteiras. Minha mulher e eu lembramo-nos disso em 1988 quando visitamos Santorini, uma bela ilha grega, para comemorar os nossos 25 anos de casados. Há milhares de anos a ilha foi coberta por cinzas vulcânicas. Alguns especulam que Santorini é a ilha a que se refere a lenda de Atlântida. Recentemente a descoberta de uma antiga civilização minóica soterrada sob as cinzas provocou um grande aumento no fluxo de turistas — tanto que até foi construído um aeroporto.

Uma das coisas de que mais me lembro da nossa viagem a Santorini é uma noite que passamos conversando com um comerciante que nos falou da sedução do dinheiro e das coisas materiais. Havíamos visitado sua loja várias vezes para apreciar as obras de arte que ele vendia. Ele costumava oferecer-nos uma taça de vinho e incentivar-nos a olhar as peças, examiná-las com calma. Na nossa última noite na ilha, compramos um batique de um antigo mural chamado "O pescador". Depois de fechar a loja, ele nos convidou a sentar e tomar um pouco de vinho enquanto nos falava das mudanças ocorridas em Santorini ao longo dos dez anos precedentes.

Quando ele era criança, quase não havia turistas em Santorini. Os habitantes da ilha eram vinicultores, pastores de ovelhas ou pescadores. Todos se conheciam. A vida era simples, ligada à natureza. Quando os turistas começaram a chegar, muitos de seus vizinhos abriram lojas. Ele também. Começaram a ganhar mais dinheiro do que jamais haviam pensado e enriqueceram mais do que poderiam ter sonhado. Agora seu filho, de 23 anos, voa sempre para Atenas e passa pouco tempo com o pai. Quase todas as crianças deixam a ilha ao crescer, rumo ao mundo que lhe parecia tão distante quando ele era menino.

"É uma coisa estranha", disse o velho comerciante. "Todos nós concordamos que a vida era melhor antes da chegada dos turistas. Mas estamos ganhando tanto dinheiro que ele nos prendeu numa armadilha. É como a sedução ou o vício. As pessoas já não vão tanto à igreja. Há muitas igrejas na ilha, mas estão quase todas vazias. Antigamente, o *papas* (sacerdote da Igreja ortodoxa grega) era um ancião importante e respeitado, e os nossos valores eram Deus e a família. Agora tudo mudou."

Suas palavras estavam cheias de tristeza. Antes de nos despedirmos, ele disse que agora estava bebendo mais vinho, o suficiente para ficar um pouco "alto" e poder ir para a cama. Achava que estava bebendo mais por estar triste com o modo como as coisas haviam caminhado; era como se ele tivesse encerrado suas atividades.

Acho que todos sabemos o que o comerciante queria dizer. Enquanto o corpo e a alma coexistirem, estaremos em conflito, e por vezes a voz do corpo será mais alta que a da alma. Como o comerciante de Santorini, faremos opções baseadas no desejo de satisfazer as necessidades do corpo, em vez de sermos fiéis à alma. Haverá ocasiões em que também nós sentiremos que encerramos nossas atividades, também nos lamentaremos do nosso comportamento tanto quanto Mark ao deixar a mulher no corredor diante de um ladrão armado.

Tendo em vista essas tentações e essas escolhas difíceis, de que adianta conhecer a mensagem da experiência no limiar do nascimento? Poderíamos fazer a mesma pergunta em relação à leitura da

Bíblia ou de qualquer outro livro que prometa respostas aos dilemas da vida. Acho que a resposta tem a ver com a *esperança*. Uma criança pequena tem esperança quando sabe que mamãe e papai estarão lá quando ela voltar da escola, mesmo que seja difícil ficar longe de casa e esforçar-se nos estudos. A experiência no limiar do nascimento nos diz que estamos todos no mesmo barco e que um dia voltaremos para casa também. Ela nos ajuda a lembrar que somos muito mais que um simples corpo e que há verdades a descobrir além de nossas necessidades e limitações físicas.

A mensagem da experiência no limiar do nascimento é que a vida pode ser uma luta, mas que às vezes a luta nos faz bem. Certas pessoas gostam de alpinismo não a despeito de ser difícil, mas *porque* é difícil. Gostam do desafio. Da mesma forma, optamos por vir a este mundo, e foi uma opção heróica. Conscientizando-nos de quem somos, podemos torná-la uma boa opção.

Certo dia, um discípulo perguntou ao mulá Nasrudin: "Mulá, onde fica o centro do universo?" Sem pestanejar, ele respondeu: "O centro do universo é bem aqui, exatamente onde estou." Não inteiramente satisfeito com a resposta, o discípulo perguntou: "Mas, mulá, como saber se isso é verdade?" "É fácil. Vá até uma extremidade do universo e meça a distância até aqui. Depois vá à outra e faça o mesmo. Você vai ver que eu estou bem no centro!", respondeu o mulá.

Estamos, cada um de nós, no centro do coração e no centro da mente de Deus. Se quisermos nos afastar de Deus, não conseguiremos ir além da distância que há entre ele e seu coração. Ao empreendermos a jornada ao centro do ser, chegamos àquele lugar em que encontramos a presença e o amor de Deus, um lugar no qual nossas recordações de Deus existem ao lado da nossa certeza de estarmos a caminho de nossa própria casa.

NOTAS

INTRODUÇÃO

1. p. 98. Ver a bibliografia comentada para mais informações sobre o livro *Hypnosis: The Application of Ideomotor Techniques*, do dr. Cheek.
2. p. 195. Para mais informações sobre o livro *Babies Remember Birth*, do dr. Chamberlain, ver a bibliografia comentada. É possível que você também se interesse pelo novo livro do dr. Chamberlain: *The Mind of Your Newborn Baby*, North Atlantic Books, 1998.

CAPÍTULO UM

1. Tom Clancy criou um herói, Jack Ryan, que oferece uma perspectiva nova e interessante — um presidente disposto a sacrificar a própria vida pelos cidadãos de seu país.

Capítulo Dois

1. Para mais informações acerca das pesquisas sobre a regressão ao útero, são úteis os livros e artigos listados na bibliografia sob o título "Experiência no limiar do nascimento e consciência intra-uterina", principalmente os de David Cheek, David Chamberlain e J. Rhodes. Um bom livro para começar é *The Mind of Your Newborn Baby*, de David Chamberlain, publicado em 1998 pela North Atlantic Books. O livro *Hypnosis: The Application of Ideomotor Techniques*, do dr. Cheek, é excelente.
2. Para não influir nessa regressão, o dr. Cheek só verificou suas anotações após a sessão com a filha.
3. Mas o dr. Cheek tinha plena ciência desse fenômeno. Para mais informações, ver o Capítulo Seis.
4. Eu uso o presente do indicativo aqui para dar uma noção melhor do que acontece na experiência no limiar do nascimento. As pessoas nunca dizem: "Eu *estava* com Deus" ou "Vejo-me quando *estava* no útero". A lembrança costuma ser relatada como se fosse um fato do presente, como se estivesse sendo revivido, e não relembrado.
5. A experiência no limiar do nascimento não é a única forma de resgatar essas recordações. A hipnose, a meditação, as técnicas de renascimento, algumas drogas e até certos tipos de massagem também permitem o acesso a essas recordações durante a permanência num estado alterado de consciência.
6. A citação apareceu pela primeira vez nos escritos de Marianne Williamsom.
7. *All I Really Need to Know I Learned in Kindergarten*, de Robert Fulghum. Publicado pela Villard Books, Nova York, 1988.

Capítulo Três

1. Uma excelente fonte no que se refere a essa técnica é *Traumatic Incident Reduction (TIR)*, escrito por Gerald D. French e Chrys J. Harris, parte da coleção *Innovations in Psychology Series*, organiza-

da por Charles R. Figley e publicada pela CRC Press, Boca Raton, Flórida, 1999.
2. Bill Grace é o seu verdadeiro nome. Ele me garantiu que não se importaria se as pessoas o reconhecessem neste relato.

Capítulo Quatro

1. Transcrito de *Wisdom of the Idiots*, organizado por Idries Shah. Publicado pela The Octagon Press, Londres, 1989, p. 146.
2. Ver principalmente o livro *Homecoming: Reclaiming and Championing Your Inner Child*, de John Bradshaw, publicado pela Bantam Books, Nova York, 1990.
3. Neale Donald Walsch escreveu vários livros que trazem mensagens de amor que, para mim, parecem provenientes de uma *criança interior* como a de John Bradshaw. São mensagens que as pessoas podem receber por meio da prece ou dos sinais ideomotores quando se dispõem a voltar-se para dentro de si mesmas em busca de suas primeiras recordações. Vale a pena ler a trilogia de Walsch, denominada *Conversations with God*. O primeiro livro foi publicado pela G.P. Putnam's Sons, Nova York, 1995.

Capítulo Cinco

1. Essa história me foi contada por Ray Williams, um dos anciãos da tribo Stillaguamish, do estado de Washington.
2. Para mais informações acerca da redução de incidentes traumáticos (RIT), ver o livro de French e Harris mencionado na nota 1 do Capítulo 3.

Capítulo Seis

1. Jung, C. G. *Memories, Dreams, Reflections*. Vintage Books, Nova York, 1965, pp. 289-90.

Capítulo Sete

1. Jung, C. G. *Memories, Dreams, Reflections*, p. 318.
2. Stanislav Grof, com Hal Zina Bennett. *The Holotropic Mind*. HarperCollins, Nova York, 1992, p. 130.
3. *Ibid.*, p. 84.

Capítulo Oito

1. Frankl, Victor E. *Man's Search for Meaning*. Washington Square Press, Nova York, 1963.
2. Wiesel, Elie. *Night*. Hill and Wang, Nova York, 1960.

Capítulo Nove

1. Esta frase não descreve com precisão o que parecia estar acontecendo. Na verdade, não é como se eu estivesse entrando no corpo de minha mãe, mas como se eu estivesse entrando no corpo do feto já formado que estava no corpo dela.

Capítulo Dez

1. Essa história me foi contada por Jamal Rahman, um mestre sufista e meu amigo particular, em Seattle, Washington.
2. No capítulo sétimo de sua carta aos romanos.
3. A escolha oposta não faz manchetes.

BIBLIOGRAFIA COMENTADA

Chamberlain, D. B. *Babies Remember Birth: And Other Extraordinary Scientific Discoveries about the Mind and Personality of Your Newborn.* Los Angeles: Tarcher, 1988.
Os capítulos iniciais desse livro fornecem fatos científicos sobre o bebê antes do nascimento. Perto do final, o dr. Chamberlain apresenta descobertas "não ordinárias", como a presença de consciência no útero e indícios de recordações de vidas passadas entre seus pacientes. O dr. Chamberlain conhece o trabalho do dr. Cheek, que foi um dos responsáveis pelo desenvolvimento da experiência no limiar do nascimento. O livro do Dr. Chamberlain é um começo interessante para os que não têm familiaridade com esta área.

Cheek, David B. *Hypnosis: The Application of Ideomotor Techniques.* Needham Heights, Massachusetts: Allyn and Bacon, 1994.
Escrito principalmente para os profissionais que atuam na área de saúde mental, medicina e odontologia, esse livro é a culminância de

cinqüenta anos de prática clínica em obstetrícia do dr. Cheek. Juntamente com os colegas Leslie LeCron, psicólogo, e Milton Erickson, psiquiatra, o dr. Cheek foi responsável pelo desenvolvimento da experiência no limiar do nascimento. Trata-se de um bom material de referência para os que se interessarem pelo trabalho pioneiro do dr. Cheek.

Os capítulos 11: Uncovering Methods; 12: Ideomotor Search Methods; 14: Fetal Perceptions — Maternal-Fetal Telepathy; e 20: Hypnosis in Obstetrics, são particularmente interessantes e relevantes do ponto de vista da experiência no limiar do nascimento.

Eadie, Betty J. *Embraced by the Light*. Placerville, CA: Gold Leaf Press, 1992.
Esse é um dos mais conhecidos trabalhos sobre a experiência no limiar da morte, indicando a existência da alma após a morte. Seu conteúdo tem relação com o do livro *Life After Life*, de Raymond Moody, publicado em 1975 pela Mockingbird Books, Inc., que foi o primeiro livro a popularizar a experiência no limiar da morte, e com o de vários outros, inclusive o de Melvin Rose, sobre experiências de crianças no limiar da morte. Todos esses livros estão relacionados com a experiência no limiar do nascimento pelo fato de falarem a respeito da existência da alma exteriormente ao corpo.

Frankl, Victor E. *Man's Search For Meaning*. Nova York: Washington Square Press, Inc., 1963.
Nesse livro, o psiquiatra Victor Frankl conta a sua busca por um sentido na vida em meio ao que sofreu num campo de concentração nazista. Ele conclui que existem três principais meios de encontrá-lo: o amor, o trabalho ou o sofrimento. Suas descobertas ratificam os relatos feitos por aqueles que vivem a experiência no limiar do nascimento e alegam escolher viver no sofrimento para poder descobrir um sentido e um propósito nesta vida.

Grof, Stanislav, com Hal Zina Bennett. *The Holotropic Mind: The Three Levels of Human Consciousness and How They Shape Our Lives*. San Francisco: HarperCollins Publishers, 1993.

Esse livro relata as pesquisas e experiências pessoais dos drs. Grof e Bennett com relação aos estados não ordinários de consciência. Os autores explicam o pensamento holonômico na ciência, um tipo de pensamento que desafia a concepção newtoniana de como o universo funciona. Suas experiências os levaram a abandonar a crença de que "a mente só pode fornecer as lembranças de fatos que vivenciamos diretamente após o nascimento". Segundo os autores, a influência das experiências pré-natais pode ter ainda mais importância que a das experiências após o nascimento.

Esse livro aplica o amplo conhecimento dos autores nas áreas da medicina e das ciências. Eles advogam a visão do mundo como uma coisa pensante, consciente e viva, e não uma máquina que existe por obra do acaso. E sugerem que a linguagem é enganadora, pois o nome que damos às coisas é algo estático — e, na verdade, tudo está em movimento constante. Assim, talvez um verbo conseguisse transmitir melhor essa idéia.

The Holotropic Mind apresenta uma nova forma de ver as coisas, uma visão que pode preparar o leitor para o ponto de vista espiritual da experiência no limiar do nascimento.

Hallett, Elizabeth. *Soul Trek: Meeting Our Children on the Way to Birth.*
Hamilton, MT: Light Hearts Publishing, 1995.
Este é principalmente um livro de relatos de pais que mantiveram contato e comunicação com os filhos antes de estes nascerem e, às vezes, antes de serem concebidos. É semelhante ao livro de Sarah Hinze (ver abaixo), porém mais amplo, pois aborda também as questões: "Partimos de uma outra vida quando começamos a viver? Temos opção nessa questão?"

Em 25 capítulos e 327 páginas de informação, a sra. Hallett empenha-se também em fornecer várias interpretações dos relatos apresentados. O livro constitui uma boa análise dos inúmeros relatos de pais que alegam ter tido contato com os filhos antes de seu nascimento e é uma excelente introdução à experiência no limiar do nascimento, fornecendo exemplos de vida antes do nascimento e da interação do feto com os pais por ele escolhidos.

Hinze, Sarah. *Coming From The Light: Spiritual Accounts of Life Before Life*. Nova York: Pocket Books, 1997.
"Somos espíritos eternos que habitavam um reino celestial de luz e beleza antes de vir à Terra. *Coming From The Light* vai ensinar-lhe de onde viemos na eterna jornada da vida [...]."
A citação acima, de Betty J. Eadie, autora de *Embraced By The Light*, descreve esse livro de Sarah Hinze, que é prefaciado por Paul Perry, co-autor de várias obras sobre a experiência no limiar da morte. Paul Perry conta que certo dia recebeu um telefonema de Sarah Hinze, que lhe perguntou se as pessoas que haviam tido experiências no limiar da morte haviam mencionado ter visto espíritos aguardando o nascimento. Ao refletir melhor, ele percebeu que sim.

Esse livro é feito basicamente dos relatos de mais de trinta pessoas que se lembram de sua existência como espíritos antes da concepção ou estabeleceram contato com os espírito de bebês ainda não nascidos antes de serem concebidos. A autora frisa que essas recordações são compatíveis com as experiências no limiar da morte, com as crenças cristãs e com antigas filosofias. É uma introdução boa e breve (180 páginas) à experiência no limiar do nascimento.

Jung, C. G. *Memories, Dreams, Reflections*. (Gravado e organizado por Aniela Jaffe, tradução de Richard e Clara Winston.) Nova York: Vintage Books, 1965.
Carl Jung relata aqui, além de muitos pensamentos e idéias interessantes, a orientação de um espírito desencarnado, chamado Philemon. Além disso, ele fala sobre sua própria experiência no limiar da morte. O conceito junguiano de inconsciente coletivo é uma das primeiras sugestões feitas por um psicólogo acerca da possibilidade de conhecimento além da experiência desta vida e deste corpo.

Neihardt, John G. (Arco-Íris Flamejante). *Black Elk Speaks*. Lincoln, Nebraska: University of Nebraska Press, 1988.
Considero esse livro um dos mais interessantes sobre a nossa essência como pessoas, a partir das idéias de um índio norte-americano

cujo mundo foi tomado por invasores que mataram os búfalos e os índios e trouxeram consigo a cultura do materialismo para a nova terra.

Rosen, Jay Eliot, org. *Experiencing the Soul: Before Birth, During Life, After Death*. Carlsbad, CA: Hay House, Inc., 1998.
Os colaboradores, nesse livro, são o Dalai Lama, Elizabeth Kubler-Ross, Ram Dass, Stephen Levine, Raymond Moody, Gerald Jampolsky e vários outros famosos autores e pesquisadores da alma.
De particular interesse são os capítulos da Parte II: "The Soul Before Birth". Harold Widdison faz uma importante introdução ao material contido no Capítulo Seis de *Experiência no Limiar do Nascimento*, "The Emerging Field of Pre-Birth Experiences".

Walsch, Neale Donald. *Conversations with God: An Uncommon Dialogue, Book 1*. G. P. Putnam's Sons, Nova York, 1996.
Esse livro, juntamente com *Conversations with God: An Uncommon Dialogue, Book 2* e *Book 3*, coloca a possibilidade de conversar com Deus. Isso lança uma base para muitas das conversas com Deus verificadas na experiência no limiar do nascimento.

Whitton, Joel L. *Vida/Transição/Vida*. Warner Books, Nova York, 1986.
O autor declara na introdução que nós já vivemos em vidas passadas e certamente viveremos novamente em vidas futuras — que a nossa vida atual não é senão um pequeno elo de uma longa e infinita corrente. Boa parte desse livro é sobre o tempo que decorre entre as vidas, chamado pelos tibetanos de *intervida*. Uma excelente introdução à experiência no limiar do nascimento.
Nas páginas seguintes, listei outros livros que podem servir de referência para os temas discutidos em *Experiência no Limiar do Nascimento*. Espero que a lista lhe seja útil.

PARA UMA LEITURA MAIS APROFUNDADA

Bradshaw, John. *Homecoming: Reclaiming and Championing Your Inner Child*. Nova York: Bantam Books, Inc., 1990.
Campbell, Joseph. *Myths to Live By*. Nova York: Bantam Books, Inc., 1972. [*Para Viver os Mitos*, publicado pela Editora Cultrix, São Paulo, 1997.]
_____. *Primitive Mythology: The Masks of God*. Nova York: Penguin, 1976.
Campbell, Joseph, e Moyers, Bill. *The Power of Myth*. (B. S. Flowers, org.) Nova York: Doubleday, 1988.
Dossey, Larry. *Healing Words: The Power of Prayer and the Practice of Medicine*, HarperSanFrancisco (uma divisão da HarperCollins Publishers): Nova York, 1993. [*As Palavras Curam*, publicado pela Editora Cultrix, São Paulo, 1996.]
Eck, Diana. *Encountering God: A Spiritual Journey from Bozeman to Baanaras*. Boston: Beacon Press, 1993.
Evans-Wentz, W. Y. *The Tibetan Book of the Dead*. Nova York: Oxford University Press, 1960. [*O Livro Tibetano dos Mortos*, publicado pela Editora Pensamento, São Paulo, 1985.]

French, Gerald D., e Harris, Chrys J. *Traumatic Incident Reduction (TIR)*. Boca Raton: CRC Press, 1999.
Freud, Sigmund. *The Future of an Illusion*. Nova York: Norton, 1975.
Gerbode, Frank. *Beyond Psychology: An Introduction to Metapsychology*. IRM Press, Menlo Park, CA, 1993.
Hillman, James. *The Soul's Code: In Search of Character and Calling*. Random House, Nova York, 1996.
Ingerman, Sandra. *Soul Retrieval: Mending the Fragmented Self.* San Francisco: HarperSanFrancisco, 1991.
James, William. *The Varieties of Religious Experience*. Cambridge, MA: Harvard University Press, 1985. [*As Variedades da Experiência Religiosa*, publicado pela Editora Cultrix, São Paulo, 1991 — não será mais reeditado.]
Jung, C. G. The Concept of the Collective Unconscious. In J. Campbell (org.), *The Portable Jung* (p. 569). Nova York: Penguin Books. (Reimpressão de *The Archetypes and the Collective Unconscious*. In R.F.C. Hull [org. e trad.], *The Collected Works of Carl Jung* [vol. 9, parágrafos 87-110].) Bollingen Series XX, Princeton: Princeton University Press. Obra original publicada em 1936.
Kübler-Ross, Elisabeth. *On Death and Dying*. Londres: The MacMillan Co., 1969.
Kung, Hans. *Eternal Life?* Garden City, Nova York: Doubleday & Company, Inc., 1984.
Lankton, Stephen R., e Lankton, Carol H. *The Answer Within: A Clinical Framework of Ericksonian Hypnotherapy*. Nova York: Brunner/Mazel Publishers, 1983.
LeCron, Leslie M. *Techniques of Hypnotherapy*. Nova York: Julian Press, 1961.
LeShan, Lawrence. *Alternate Realities: The Search for the Full Human Being*. Nova York: M. Evans, 1976.
Levine, Stephen. *Who Dies?* Garden City, Nova York: Anchor Books, 1982.
Madre Teresa. *Words to Love by*. Notre Dame, Indiana: Ave Maria Press, 1983.
Moore, Thomas. *Care of the Soul: A Guide for Cultivating Depth and Sacredness in Everyday Life*. Nova York: HarperCollins, 1992.

Morgan, Marlo. *Mutant Message Down Under*. Nova York, Harper Perennial, 1995.

Morse, Melvin, e Perry, Paul. *Closer to the Light: Learning from the Near-Death Experiences of Children*. Nova York: Ivy Books, 1990.

_____. *Transformed by the Light: The Powerful Effect of Near-Death Experiences on People's Lives*. Nova York: Villard, 1992.

_____. com introdução de Betty J. Eadie. *Parting Visions: Uses and Meanings of Pre-death, Psychic and Spiritual Experiences*. Nova York: Villard Books, 1994.

Newton, Michael. *Journey of Souls*. St. Paul, Minnesota: Llewellyn Publications, 1998.

Parabola: Myth, Tradition, and the Search for Meaning, Birth and Rebirth. Volume XXIII nº 4, novembro de 1988.

Shah, Idries. *The Pleasantries of the Incredible Mulla Nasrudin*. Nova York: Penguin, 1968.

Shannon, James Patrick. *The Reluctant Dissenter*. Nova York: Crossroad, 1998.

Shroder, Tom. *Old Souls: The Scientific Evidence for Past Lives*. Nova York: Simon & Schuster, 1999.

Wiesel, Elie. *Night*. Nova York: Hill and Wang, 1960.

Livros e Artigos sobre a Experiência no Limiar da Morte

Coombs, P. *Life After Death*. Downers Grove, IL: Inter-Varsity Press, 1978.

Kübler-Ross, Elisabeth. *On Children and Death*. Nova York: Macmillan, 1983.

Lundahl, Craig R. (1992). "Near-death visions of unborn children: Indications of a pre-earth life". *Journal of Near-Death Studies*, 11(2), 123-128.

Moody, Raymond A. & Perry, Paul. *The Light Beyond*. Nova York: Bantam, 1988.

_____. (1980). "The psychology of life after death". *American Psychologist*, 35 (10), 911-931.

Wilkerson, Ralph. *Beyond and Back*. Nova York: Bantam Books, 1977.
Zaleski, Carol. *Otherworld Journeys: Accounts of Near-death Experience in Medieval and Modern Times*. Nova York: Oxford University Press, 1987.

REENCARNAÇÃO E VIDAS PASSADAS

Evans-Wentz, W. Y. (org.) *The Tibetan book of the dead or the after-death experiences on the bardo plane, according to Lama Kazi Dawa-Samdup's English rendering*. Nova York: Oxford University Press, 1960.
Goldberg, Bruce. *Past Lives, Future Lives*. Nova York: Ballantine Books, 1982.
Head, Joseph & Cranston, Sylvia L. (orgs.). *Reincarnation: An East-West Anthology* (5ª ed.). Wheaton, IL: The Theosophical Publishing House, 1985.
Kastenbaum, Robert J. (org.). *Between Life and Death*. Nova York: Springer, 1979.
Lenz, Frederick. *Lifetimes: True Accounts of Reincarnation*. Nova York: Ballantine, 1986.
Millbourne, Christopher. *Search for the Soul: An Insider's Report on the Continuing Quest by Psychics and Scientists for Evidence of Life After Death*. Nova York: Crowell, 1979.
Netherton, Morris & Shiffrin, Nancy. *Past Lives Therapy*. Nova York: Morrow, 1978.
Rieder, Marge. *Mission to Millboro*. Nevada City, CA: Blue Dolphin Publishing, 1993.
Rogo, D. Scott. *The Search for Yesterday: A Critical Examination of the Evidence for Reincarnation*. Englewood Cliffs, NJ: Prentice Hall, 1985.
Stevenson, Ian. *Twenty Cases Suggestive of Reincarnation* (ed. rev.). Charlottesville, VA: University Press of Virginia, 1980.
_____. *Children Who Remember Previous Lives: A Question of Reincarnation*. Charlottesville, VA: University Press of Virginia.

TenDam, Hans. *Exploring Reincarnation*. Londres: Penguin, 1990.
Wambach, Helen. *Reliving Past Lives*. Nova York: Harper & Row, 1978. [*Recordando Vidas Passadas*, publicado pela Editora Pensamento, São Paulo, 1981.]
_____. *Life Before Life*. Nova York: Bantam, 1981.
Winkler, Gershon. *The Soul of the Matter: A Psychological and Philosophical Study of the Jewish Perspective on the Odyssey of the Human Soul Before, During and After "Life"*. Nova York: Judaica, 1982.
Woolger, Roger. *Other Lives, Other Selves: A Jungian Psychotherapist Discovers Past Lives*. Nova York: Bantam Books, 1988. [*As Várias Vidas da Alma*, publicado pela Editora Cultrix, São Paulo, 1994.]

Experiência no Limiar do Nascimento e Consciência Intra-uterina

Chamberlain, David (1981). "Birth recall in hypnosis". *Birth Psychology Bulletin*, 2 (2), 14-18.
_____. (1980). "Reliability of birth memories. Evidence from mother and child pairs in hypnosis". Apresentado em 1980 na convenção da American Society of Clinical Hypnosis e publicado em 1986. *Journal of the American Academy of Hynoanalysis* 1 (2), 88-98.
_____. "The mind of the newborn: Increasing evidence of competence. In P. Fedor-Freybergh & M. L. V. Vogel (orgs.), *Prenatal and Perinatal Psychology and Medicine: Encounter with the Unborn, a Comprehensive Survey of Research and Practice* (pp. 5-22). Park Ridge, NJ: Parthenon, 1988.
_____. (1990). "The expanding boundaries of memory". *Pre and Peri-Natal Psychology Journal*, 4(3), 171-89.
Cheek, David. *Hypnosis: The Application of Ideomotor Techniques*. Des Moines, Ia: Longwood Division, Allyn & Bacon, 1994.
_____. (1961). "LeCron technique of prenatal sex determination for uncovering subconscious fear in obstetrical patients". *International Journal of Clinical and Experimental Hypnosis* 9, 249-258.

_____. (1962). "Areas of research into psychosomatic aspects of surgical tragedies now open through use of hypnosis and ideomotor questioning. *Western Journal of Surgery, Obstetrics and Gynecology* 70, 137-142.

_____. (1956a). "Emotional factors in persistent pain states". *American Journal of Clinical Hypnosis* 8, 100-110.

_____. (1956b). "Some newer understandings of dreams in relation to threatened abortion and premature labor." *Pacific Medicine and Surgery* 73, 379-384.

_____. (1969). "Significance of dreams in initiating premature labor". *American Journal of Clinical Hypnosis* 12, 5-15.

_____. (1974). "Sequential head and shoulder movements appearing with age regression to birth". *American Journal of Clinical Hypnosis* 16, 261-266.

_____. "Ideomotor questioning revealing an apparently valid traumatic experience prior to birth". *Australian Journal of Clinical & Experimental Hypnosis* 8, 65-70.

_____. (1986). "Prenatal and perinatal imprints: Apparent prenatal consciousness as revealed by hypnosis". *Pre and Peri-Natal Psychology Journal* 1, nº 2 (inverno) 97-110.

_____. (1989). "An indirect method of discovering primary traumatic experiences: Two case examples". *American Journal of Clinical Hypnosis* 32, nº 1, 38-47.

_____. (1992). "Are telepathy, clairvoyance and 'hearing' possible in utero? Suggestive evidence as revealed during hypnotic age-regression studies of prenatal memory". *Pre- and Peri-Natal Psychology Journal* 7, (2), 125-137, inverno, 1992.

Gabrial, Michael. *Voices from the Womb*. Lower Lake, CA: Aslan, 1992.

Mehler, Jacques & Fox, Robin (orgs.). *Neonate Cognition: Beyond the Blooming Buzzing Confusion*. Hillsdale, NJ: Erlbaum, 1985.

Raikov, V. L. (1980). "Age regression to infancy by adult subjects in deep hypnosis". *American Journal of Clinical Hypnosis* 22(3), 156-163.

Rank, Otto. *The Trauma of Birth*. Nova York: Harcourt Brace, 1929.

Restak, Richard M. *The Infant Mind*. Garden City, NY: Doubleday, 1986.

Rhodes, J. (outono, 1991). Relatório de projeto de pesquisa: entrevistas com crianças de dois anos e meio a três anos e meio sobre suas lembranças do nascimento e do período pré-natal. *Pre and Peri-Natal Psychology Journal* 6(1), 97-103.

Rossi, Ernest L., e Cheek, David B. *Mind-Body Therapy: Methods of Ideodynamic Healing in Hypnosis*. Nova York: W.W. Norton & Company, 1988.

Verny, Thomas & Kelly, John. *The Secret Life of the Unborn Child*. Nova York: Delacorte, 1982.

Jaynes, Julian. *The Origin of Consciousness in the Breakdown of the Bicameral Mind*. Boston: Houghton Mifflin, 1976.

Pietsch, Paul. *Shufflebrain: The Quest for the Hologramic Mind*. Boston: Houghton Mifflin, 1981.

Samples, R. "Holonomic knowing". In Ken Wilber (org.), *The Holographic Paradigm and Other Paradoxes* (pp. 121-124). Boulder: Shambhala, 1982. [*O Paradigma Holográfico e Outros Paradoxos*, publicado pela Editora Cultrix, São Paulo, 1991.]

HIPNOSE

Bandler, Richard; Grinder, John; e DeLozier, Judith. *Patterns of the Hypnotic Techniques of Milton H. Erickson, M.D., Volumes 1 & 2*. Cupertino, CA: Meta Publications, Inc., 1977.

Erickson, Milton, e Ernest e Sheila Rossi. *Hypnotic Realities*. Manchester, NH: Irvington Publications, 1976.

Haley, Jay. *Uncommon Therapy*. Nova York: W.W. Norton & Co., 1986.

Lankton, Stephen R. e Lankton, Carol H. *The Answer Within: A Clinical Framework of Ericksonian Hypnotherapy*. Nova York: Brunner/Mazel Publishers, 1983.

Wolinsky, Stephen. *Trances People Live*. Ashley Falls, MA: Bramble Co., 1991.